ㄱㅏㄴㅏㅗㅏ
　ㄴ　ㄴ
ㅅㅏㄹㅏㄷㅡㅇㅣ
　ㅁ　ㄹ
ㅅㅓㅇㅓ
　ㄴ　ㄴ

Manifeste des pauvres: Les solutions viennent d'en bas

© Francisco Van der Hoff Boersma

Originally published in 2010

Manifesto of the Poor: Solutions Come From Below

© Just Us! Centre for Small Farms, 2012

English translation by Jay Hartling

가난한 사람들의 선언

사회연대경제, 아래로부터의 대안

프란시스코 판 더르 호프 보에르스마 지음 | 박형준 옮김

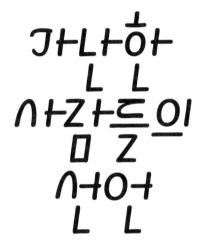

차례

일러두기

1. 이 책은 Francisco Van der Hoff Boersma, *Manifeste des pauvres: Les solutions viennent d'en bas*(Editions Encre d'Orient, 2010)의 영역본 Jay Hartling (trans.), *Manifesto of the Poor: Solutions Come From Below*(Just Us! Centre for Small Farms, 2012)를 옮긴 것이다.
2. 수록된 사진의 저작권은 저스트어스!Just Us! 커피 로스터 협동조합에 있다.
3. 각주는 원서의 주이며, 옮긴이의 보충 설명은 본문의 괄호 안에 넣었다.

한국어판 출간 기념 서문

_마르탱 반 덴 보르Martin Van Den Borre[*]

"우리는 사회연대경제를 발전시켜야 할 책임이 있다."

• 프란시스코 판 더르 호프 보에르스마

"자선은 철폐해야 한다. 대신 그 자리에 정의를 세워야 한다."

• 노먼 베순

이 책의 한국어판 출간은 매우 중요한 의미가 있다. 내가 이렇게 축하 서문으로 연을 맺을 수 있어 무척 영광이다. 지은이는 많은 사람들의 삶을 바꿔놓은 운동을 일으키는 데 공헌한 실천가이다.

내가 처음 보에르스마 신부를 만난 때는 그가 시엠브라

---

[*] CITIES(사회연대경제의 지식 전수와 혁신 확산을 위한 국제센터) 이사, 퀘벡 공정무역협회 이사, 멕시코 SPP-Global(소생산자 글로벌 로고) 대사.

협동조합 La Siembra co-op을 방문하려고 잠깐 오타와에 들른 2007년이다. 그보다 8년 전에 신부님은 북아메리카에서 코코아와 설탕의 공정무역을 개척했다. 당시 시엠브라 협동조합의 브랜드 명은 코코아 카미노Cocoa Camino였는데, 교회 지하의 구멍가게에서 시작해 수백만 달러 규모의 대안 무역 조직으로 성장했다. 지금도 세계 곳곳의 서른다섯 개 조직 5만 5000명에 이르는 소농들의 삶에 영향을 미치고 있다.

당시 우리는 몇몇 거대 기업들과 다국적기업들과의 경쟁에 직면하기 시작했다. 그들은 공정무역 인증을 받은 제품들을 입맛에 맞게 골라 자신들의 판매 품목에 포함했다. 그들이 공정무역 시장에 참여하는 비중은 그들의 전체 사업에 비하면 극히 작았다. 이 기업들의 공급사슬에서 종종 아동노동 착취가 자행되었다는 의혹이 증명되기도 했다. 특히 코코아 산업 쪽이 심했다. 이들의 얄팍한 움직임 속에 자신들의 지배와 특권을 영속시키려는 속셈이 들어 있다는 사실은 너무나도 뻔했다. 이러한 공정무역의 주류는 강성 공정무역주의에 회의적인 태도를 보였는데, 이제 와서 생각해보면, 이때가 바로 공정무역의 도덕성이 약화되고 운동 안에 심한 불화가 촉발된 시기였다. 이른바 "연성 공정무역" 또는 희석된 공정무역이 부상한 것이다.

우리의 생산자 동업자들과 이퀴타Equita, 이퀄익스체인지

Equal Exchange, 저스트어스!Just us!, 그리고 에시커블Ethicable 같은 대안 무역 조직들은 협동조합이나 여러 사회적 경제 형태로 자신들을 조직하는 길을 택했다. 민주주의와 소유권이 경제와 사회정의를 지탱하는 기둥이라고 믿었기 때문에 이런 선택을 한 것이다. 우리가 명명한 이 사회연대경제는 공정무역의 초석이었다. 이를 통해 생산자에서 소비자에 이르는 공급사슬을 따라 연관을 맺는 다양한 사람들이 의미 있게 의사 결정 과정에 참여할 수 있다. 또한 그들을 고용하거나 그들에게 서비스를 제공하는 조직들의 소유권과 이익에 대해 공정한 지분을 가질 수 있다.

다양한 형태의 착취와 배제에 기초한 사고방식을 체계적으로 증식하고 정당화하는 사회에서 공정무역을 제안한 것은 매우 급진적인 일이라고 생각한다. 더불어 정보, 지식, 권력, 부의 분배에서 근본적인 전환이 필요하고 기초 자원을 '커먼즈commons'로 보는 시각이 도입되어야 한다. 지배적인 사고 체계에 견주면 심오한 패러다임 전환을 의미하는데, 이는 의식의 탈식민지화라고 할 수 있는 개인과 집단 의식의 변화를 수반한다.

보에르스마 신부는 사회정의를 이루는 오직 한 가지 접근 방식은 있을 수 없으며, 오직 한 가지 형태의 품위 있는 삶을 기대해서도 안 된다고 말한다. 해결책은 다양하며, 여러 모델과 표현 방식을 모색해야 한다. 또 다양한 문화와 삶의 맥락에 따라 여러 가지 사회적 표현과 열망에 맞게 고쳐나가야 한다. 또한 해결 방식을 찾으려는 지역적 맥락에 잘 어우러져야 한다. 자연과 마찬가지로 인간 사회에서도 다양성은 회복력을 키우고, 공생은 가능성을 연다. 생태적 전환이 경제와 생산 체제에 심대한 변화를 요구한다는 사실을 우리는 알고 있다. 이렇게 하려면 다양한 운동 주체가 지속적으로 협력해야 하며, 이를 통해 긴급하게 요구되는 전복적인 체제 전환을 실현할 수 있다.

하나의 종species으로서 우리의 가장 큰 도전 과제들 중에는 공동체 만들기, 환경과 조화를 이루며 살기, 그리고 평화 이루기 등이 있다. 만약 우리가 긴급하게 요구되는 지구적 변화를 질서정연하게 이루길 원한다면, 공동체의 일원으로서 서로 차이를 존중하며 사는 방법을 반드시 배워야 한다. 이 점에서 우리는 원주민 형제자매들에게 배울 점이 많다. 우리의 운동에서, 그리고 국제 조직에서 그들이 강력한 목소리를 낼 수 있도록 기회를 주어야 한다. 보에르스마 신부가 원주민 공동체에서 살면서 UCIRI(이스트모 지역 원주민 공동체 협동조합)를 만들었던 수십 년 세월 동안 그들의 지혜와 지식을 융합해냈다는 사실은 의심의 여지가 없다. 그가 많은 저작을 통해 우리에게 그런 지혜와 지식을 나누어주었기에 깊이 감사드린다.

　마지막으로 우리 한국의 동료들이 지난 수십 년 동안 국제적인 가교를 놓는 사업을 훌륭하게 주도한 데에 경의를 표하고 싶다. 이렇게 중요한 책을 한국 독자들이 읽을 수 있도록 펴낸 것도 빼놓을 수 없는 일이다. 오악사카 언덕에서 건너온 이 책에 담긴 언어들이 우리의 대안 무역 조직들과 지세프GSEF, 시티즈CITIES, 리페스RIPESS, 비아캄페시나Via Campesina, 에스피피-글로벌SPP-GLOBAL 같은 국제 조직에서 우리가 펼친 지속적인 협력을 자극하고 강화하리라 확신한다. 이를 통해 우리는 세계 전역으로 사회연대경제의 범위를 확장하고 강화할 것이다.

캐나다 퀘벡주 몬트리올에서
마르탱 반 덴 보르

추천의 말

_송경용*

《가난한 사람들의 선언─사회연대경제, 아래로부터의 대안》은 저자 프란시스코 판 더르 호프 보에르스마 신부님의 탄탄한 이론, 깊은 영적 통찰과 오랜 기간의 실천을 알리며 우리에게 새로운 경제, 새로운 세상이 가능하다는 것을 보여주고 있습니다.

네덜란드 출신인 프란스시코 신부님은 1973년 가장 낮은 곳에서 가난한 이들을 섬기고자 멕시코로 떠나 노동사제 worker-priest로 멕시코시티 슬럼가 빈민들, 멕시코 남부 오악사카주의 가난한 농부들과 수십 년을 함께 생활하며 빈곤의 굴레를 벗어나지 못하는 이들에게 무엇이 필요한지를 깊게 고민하게 됩니다.

프란시스코 신부님의 해답은 커피를 헐값에 넘기고 고리

* 한국사회가치연대기금 이사장

채에 시달리는 농민들에게 커피 생산의 이윤을 나누고, 농부들의 협동을 돕는 공정무역 운동이었습니다. 신부님은 중간 단계에서 이윤을 가로채는 '코요테'라고 불리는 지역 거래상을 거치지 않고 농부와 소비자를 직접 연결하는 한편, 농부들 스스로 연대할 수 있도록 이들을 모아 1981년 UCIRI라는 커피 생산자 협동조합의 출범을 돕습니다.

47년 전 프란시스코 신부님은 농부들과 함께 구성원이 서로 연대하고 결정하는 민주성, 경제 활동으로 얻은 수익을 생산자와 나누고 지역사회에 환원하는 공정성, 그리고 무엇보다 이 모든 것을 구성원 스스로 실현하는 자주성을 추구하는 사회운동을 상상했습니다.

영국의 페어트레이드Fairtrade 재단에 따르면 이러한 상상력은 현재 전 세계 약 170만 명의 농부들과 노동자들이 73개국으로부터 공정무역 인증을 받은 약 1700개의 생산자 단체에 소속되어 활동하고 있을 정도로 국경을 넘어 아름다운 열매를 맺었습니다.

이윤의 극대화가 아닌 사람을 경제 활동의 중심에 둘 때 우리는 기존의 방식과 다른 상상력을 발휘해 우리 주변의 현실과 나아가 세상을 변화시킬 수 있습니다. 프란시스코 신부님의 이야기를 담아낸 《가난한 사람들의 선언》의 한국어판 출간을 통해 이러한 시도들이 더욱더 많아져 우리 사회가 한

걸음 더 진보하는 데 이바지하기를 바랍니다.

이 책의 한국어판 출간을 허락해준 지은이 프란시스코 신부님과 신부님의 활동을 소개해준 CITIES(사회연대경제의 지식 전수와 혁신 확산을 위한 국제센터)의 마르탱 반 덴 보르님, 훌륭한 번역으로 책의 가치를 드높여준 박형준 박사님, 정성껏 책을 만들어준 마농지 출판사에 감사의 인사를 드립니다.

서문

_제프 무어Jeff Moore[*]

"그저 앉아서 지구적 해결책을 마냥 기다리고 있을 수만은 없다."

• 엘리너 오스트럼Elinor Ostrom[**]

《가난한 사람들의 선언》은 우리에게 절실히 필요했던 기층 민중이 주도한 발전 사례를 담은 매우 시의적절한 책이다. 공정무역 운동의 창시자 중 한 사람인 보에르스마 신부는 이 책을 통해 이 운동의 배경이 되는 역사와 사상을 설명한다.

보에르스마는 네덜란드의 노동사제[***]로서 경제학과 신학 두 분야에서 박사학위를 받았다. 그는 68세대로 네덜란드의 학생운동가였으며, 그후 오타와 대학에서 강의를 하다가

---

[*] 저스트어스! Just Us!(노바스코샤 울프빌 커피 로스터 협동조합) 공동 설립자.

[**] 2009년 여성으로서는 최초로 노벨경제학상을 받았다.

[***] 소득을 교회에 의존하지 않고 세속 직업에 상근 또는 비상근으로 일하며 생계를 꾸려가는 로마 가톨릭 사제.

칠레의 광산에서 일하기 위해 떠났다. 종내에는 세계에서 가장 가난하고 가장 탄압받는 민중에 속하는 멕시코 오악사카 산악 지대의 커피 소작농들과 함께 일했다.

1980년대에 부상한 이른바 '자유무역'이라는 글로벌 경제의 무한경쟁 체제에 직면해 그의 사상은 단지 저항하는 데 그치지 않고 대안을 제시하는 것이었다. '공정무역'이라는 제안은 단순 명료했다. '농부들은 협동조합으로 조직되어야 하고, 사회적·환경적 책무와 더불어 품질을 중시해야 하며, 역량을 결집해 직접 공정 가격 시장으로 나가야 한다.' 이전에는 '코요테'라고 불리는 중개인들이 커피의 운송, 가공, 마케팅을 제공한다는 명분으로 이윤을 가져가고, 농부들은 글자 그대로 몇 푼밖에 받지 못했다.

물론 '코요테'는 쉽게 무시할 수 없는 존재였다. 그들은 정부와 군부에 친구들을 둔 힘 있고 저명한 사업가들이었다. 소농들이 가족과 공동체를 위해 더 나은 삶을 위한 희망의 불빛을 어렴풋하게나마 찾아내려면 엄청난 창조성과 인내, 용기가 필요했다. 기득권에 도전하려면 목숨을 걸어야 했고, 많은 사람들이 실제로 목숨을 대가로 지불했다.

대공황 기간 동안 캐나다의 대서양 연안 지역에서 가난한 광부들, 농부들, 어부들과 함께 일했던 성직자 모지스 코디 Moses Coady의 전설 같은 이야기도 이와 비슷하다. 그는 같은 이유로 민중들 스스로 협동조합으로 뭉치는 일을 도왔다.

"당신들은 그것을 요구할 만큼 충분히 가난하고, 그것을 얻을 만큼 충분히 똑똑합니다." 이렇게 말하며 그들의 도전 의식을 북돋운 것이다. 이른바 이 앤티고니시 운동Antigonish Movement과 남미에서 나중에 '공정무역'으로 이어진 해방신학의 발전 사이에는 명확한 연관성이 있다. 이는 캐나다가 매우 자랑스럽게 생각할 만한 역사이다.

보에르스마는 공정무역이 기부와는 성격이 다르며 현 체제 내부에서 벌이는 피상적인 개혁 운동도 아니란 점을 매우 명확히 했다. 그는 깊은 확신을 담아 (눈을 반짝거리며) 다음과 같은 이야기를 하며 이 '선언'을 요약한다. "기부는—여기에는 국제 원조도 포함된다—시스템을 책임지고 있는 자들이 할 수 있었으면서도 안 해놓고 그것을 보상한답시고 개발한 일종의 고약한 태도다." 공정무역은 생산자에서 소비자까지 무역사슬 안의 모든 참여자들에게 존엄성을 부여하는 경제의 건설을 추구한다. 이러한 경제는 여기 포함된 사람들의 연대에 기초한, 지금까지 실행해온 사업과는 완전히 다른 사업 방법을 뜻한다. 또한 공정무역은 모든 사람이 북미 중산층의 생활방식을 열망하는 것을 의미하지 않는다. 보에르스마는 자주 다음과 같이 말했다. "우리 세계에 도사린 진짜 큰 문제는 빈곤이 아니라 탐욕이다." 우리가 의식주, 건강, 교육,

그리고 우리 미래에 대한 일정한 통제권 등의 기본 요소들을 갖춘다면, 단순하지만 존엄성 있는 삶을 살아갈 수 있다고 주장한다.

그는 우리가 공유하는 인간성을 부정하고 우리의 세상을 파괴하는 단순하고 무식한, 먹고 먹히는 경쟁 문화를 다시 생각하자고 역설하며 도전 의식을 북돋는다. 우리가 기부와 환경주의라는 헛치레로 이러한 파괴의 참상을 얼마나 오래 감출 수 있을까? 그리고 얼마나 오래 생존하리라 기대할 수 있을까?

수년에 걸친 그의 엄청난 노고에 대해, 그리고 이 작업의 배경이 되는 사상을 오랜 시간 동안 체계적으로 가다듬은 데 깊이 감사드린다.

가난한 사람들: 경제위기에 직면하여

나는 30년 넘게 멕시코 남부 테우안테펙의 이스트모 산악 지대에서 사포텍, 믹세, 차티노, 촌탈 사람들과 함께 노동사제로서 힘들게 일했다. 동료 캄페시노campesino*들이나 친구들과 마찬가지로, 나도 일용할 양식을 얻기에도 힘들 정도로 근근이 살아왔다. 커피, 옥수수, 콩, 과일을 키우는 농부들과 농장 노동자들과 함께 일하고 살아가면서, 나는 이 사람들이 헤어날 길 없는 구조적 위기 상태에서 살고 있다는 사실을 깨달았다. 그들의 소득은 하루에 겨우 2달러 정도였다.

많은 사람이 현재의 글로벌 경제위기가 어떤 방식으로 토착민들의 삶에 영향을 미치느냐고 묻는다. 나는 산악 지대에서 위기 상태는 사실상 일상화되어 있다고 대답할 수밖에 없다. 만성적인 위기 속에서 그들은 수세기 동안 살아왔다. 아

* 남미에서 소농이나 농부 가족들을 가리키는 말.

니, 겨우 생존해왔다고 표현하는 게 더 적절하겠다. 물론 위기에도 불구하고 그들의 정신은 짓밟히지 않았다. 그들은 계속해서 위기에서 벗어나는 새로운 길을 모색하며 삶을 지속해왔다. 삶에 대한 애정, 저항, 그리고 결코 꺾이지 않는 희망으로 이루어진 조상의 지혜에서 삶의 영감을 얻었다. 이는 투쟁의 약속이나 혁명의 약속이 아니다. 연약한 휴머니즘의 도덕성과는 아무런 관계도 없는 긍정적이고 창의적인 사고이다. 원주민들에게 연대는 인류가 일구어온 사회적 본성의 표현 자체이다. 개인들의 단순한 총합이 아니다.

원주민들은 순수한 합리적 학문에 별 기대를 하지 않는다. 나는 낭만에 사로잡히지 않았다. 시골의 삶은 극단적으로 고단하다. 나는 몇몇 분야의 박사학위를 가지고 있지만, 사실 원주민들의 상식과 경험에서 더 많은 것을 배워왔다. 새로운 경로를 개척하고, 저항하며, 동시에 대안을 제시하는 것이다. 이제 인류와 모든 생명체를 중심에 놓을 때가 왔다. 다시 말해, 그들이 시작이자 끝이다. 이 선언의 목표는 생의 파괴와 죽음에 이르는 방식에 저항하는 모든 사람에게 희망을 주는 것이다. 나는 집단과 공동체에 기반을 둔 사회 공간을 회복하기 위해, 토착민 소농의 조상 대대로 내려오는 관습을 토대로 한 사상과 분석의 공간 창출을 열렬히 지지하게 되었다. 나는 자본주의가 불공정, 불평등, 배제를 법적, 체계적으로 조직화한 것에 불과하기에—그리고 현존하는 민주주의는 허구적이기에—완전히 다른 방식으로 사회를 조직할 수 있다고 믿는다. 현 자본주의와 민주주의는 특정한 사적 이해에 복무하는 발명품이다. 이 체제에서는 특정한 이해를 충족할 수단을 가진 사람들만 생존할 수 있다. 가장 취약한 계층은 결코 그럴 수 없다.

몇 년 전에 사회연대경제 사상이 등장한 것은 어떤 고난에도 굴하지 않고 삶을 이어온 원주민들의 끈질긴 생명력 덕분이다. 사회연대경제는 농장 노동자들이 착취당하는 일 없이 자신들이 길러낸 생산물의 혜택을 얻을 수 있는 시장을 꿈꾼다. 거기서는 농장 노동자들이 자신들의 환경을 개선하는 데 참여하고, 가족들의 삶의 조건을 향상시키며, 무엇보다 자립적인 생산자 협동조합을 조직함으로써 노력의 결실과 수단, 그리고 편익을 서로 나눈다. 이 전망에 기반하여 유기농업을 재확립하고 우리 자신의 신용대부 협동조합을 발전시키고 공정무역 네트워크를 창출할 수 있었다.

대안 경제는 단지 현존하는 시장 체제에 사회적 차원을 도입하는 것으로 구성되지 않는다. 무엇보다 다른 전망을 제시해야 한다. 대안 경제는 이 세상에서 생존하는 우리 모두를 아우른다. 대안 경제는 먼저 차이를 인정하고, 경제와 시장의 폭력적 본성을 제어하는 원칙을 창출한다는 조건을 내걸어야 한다. 이런 요소들이 원주민 공동체들의 생존을 향상시키는 데 요구되는 필요 불가결한 기초이다. 이러한 이유로, 우리는 이 프로젝트를 발전시키는 데 외국의 자금 지원을 기대하지 않는다. 대신 우리 자신의 돈, 재능, 시간, 노동, 그리고 땀에 의지한다. 우리는 또한 모든 자선을 거절했다. 특히 위에서 내려오는, 부자들이 주는 것은 거부했다. 세상의 가난하고 비참한 사람들을 돕는다지만 자선은 그들을 먼저 폭력과 배제에 종속되도록 밀쳐버린 후 돈을 뿌리는 '병 주고 약 주는' 행위이다.

나는 기적을 믿지 않는다. 미래의 약속은 더더욱 믿지 않는다. 바로 그렇기에 우리는 조상에게 물려받은 토지의 개량, 자급자족, 식량 안보, 책임성을 강화하기 위해 우리 자신만의 경로를 창출해왔다. 이 길을 통해 효율적인 사회적 기업을 만들고, 농산물에서 진정한 부가가치를 창출했다. 생산물들은 생산된 지역 내에서 상호 합의된 최저 가격에 팔리고 소비되었으며, 잉여, 즉 남은 것만을 수출했다. 이로써 우리의 관습, 문화, 그리고 사회적 삶의 방식을 유지할 수 있다. 또한 서구의 개인주의의 위협에 저항할 수 있다.

공정무역은 이러한 놀라운 모험이 시작된 멕시코 원주민 공동체를 넘어서 지구적 차원을 띠게 되었다. 처음에는 아무도 이렇게 될 줄 몰랐다. 공정무역 시장은 개도국 중 쉬어섯

개 국가들에서—이중에는 물론 멕시코도 포함된다—극단적인 자유주의와는 다른 경제에 기초를 두고 만들어졌다. 그리고 작동하고 있다! 100만 명이 넘는 생산자들이 공정무역의 혜택을 입었다. 그리고 북방 선진국 스물두 개 국가에서 이 생산자들의 공정무역 제품을 유통하는 새로운 구조가 만들어져 있다. 공정무역은 누구도 배제하지 않고 기능하는 몇 안 되는 경제체제 중 하나이다. 그리고 가난한 사람들이 배제된 계층에서 벗어나 자신들을 체계적으로 위협하려고 들지 않는 경제의 주체가 되는 경제체제이다.

이러한 경험을 하면서 나는 한 가지 확신이 생겼다. 우리는 지구적 차원에서 지배 체제를 변화시킬 수 있다. 더 중요한 것은, 지난 4년간 우리가 겪은 위기로 인해 이러한 변화를 훨씬 더 갈망하게 되었다는 사실이다. 어떻게 이런 변화가 일어날 것인가? 나는 답을 모르지만, 분명 일어날 것이다. 기층민중의 압력이, 이 체제로부터 버림받고 불이익을 당해온 사람들이 가하는 압력이 쌓이고 있다. 가장 가난한 사람들이 현 체제에 의문을 제기하며 나서고 있다. 그들은 변화를 원한다. 그것도 지금 당장! 이것은 역사적 필연이다. 자본주의는 인류의 내재된 본질이 결코 아니다. 사실 자본주의는 겨우 200년간 존재해왔고, 자체의 모순 속에 필연적인 변화의 씨앗이 내포돼 있다는 사실도 의심의 여지가 없다.

공정무역은 자본주의의 모순을 넘어서는 수단들 중 하나이다. 이는 자본주의에 대해 일종의 촉매제 또는 조절 장치로 작용한다. 이른바 개명된 엘리트들이 위에서 떨어뜨리는 해결책들을 구하지 말아야 한다. 해답은 이미 존재한다. 인류 안에, 다시 말해 저항하고, 조직하며, 투쟁하는 인류 자체의 역량 속에 있다. 가장 가난한 사람들은 아무것도 부탁하지 않는다. 그들은 자본주의에 대한 자기들만의 해결책을 가지고 있다. 자본주의는 심각한 결함이 있는 체제이고, 안으로부터 썩어 죽어가고 있다. 매일같이 우리에게 강매하려 드는 지구화된 세계는 신화에 불과하다. 서구 국가들이 차등화된 우리의 세계를 분리해놓기 위해 여기저기 세우고 있는 새로운 장벽들이 바로 이 거짓말을 입증한다. 나는 조직된 가난한 사람들이 이 배제의 장벽을 없애버릴 수 있음을 확신하며, 함께 더 나은 삶으로 나아가는 새로운 길을 제안하려고 한다. 우리는 지상에 천국을 만들 수 없으며 그러려고 해서도 안 된다. 하지만 그저 암흑 속에서 착취당하고 있느니 할 수 있는 일을 하며 꿈꾸는 편이 더 낫지 않겠는가.

1장

영구적인 위기 상태

재앙 같은 자본주의

글로벌 위기와 관련해 우리가 아직 듣지 못하고, 읽지 못하고, 쓰지 못한 게 무엇이 있을까? 가장 저명한 경제학자들, 역사학자들, 에세이 작가들, 그리고 당연히 목소리를 높이는 정치인들이 지구적 역경을 두고 온갖 말들을 쏟아내왔다. 이 사태가 더욱더 빨라지는 지구화의 확산을 기약하는 또 하나의 "9·11"이나 마찬가지라는 것이다. 하지만 이는 기존 문화가 죽어가는 마지막 단계일 뿐이다. 지난 금융위기는 서구 경제 모델에 깊이 도사린 불안정성을, 무엇보다 낡은 신자유주의의 불안정성을 증명했다. 증거는 존재하며, 매우 명백하다. 우리는 이제 다른 길을 개척해야 한다. 그런데 어떤 길일까? 구체적인 대안을 제시하는 목소리는 별로 나오지 않고 있다.

우리는 자각하고 있어야만 한다. 우리를 이 상황으로 몰고 온 것이 바로 지속적 성장을 지향하는 진보와 유토피아를 향한 세계경제의 질주였다. 위기는 이미 여기에 와 있다. 무기력과 불공정이라는 이중 정서를 먹고 사는 분노를 싹틔우고 있다. 이 위기는 단지 금융위기나, 시장 위기가 아니다. 어디에나 만연한 부의 불공정한 분배의 결과이다. 이는 또한 고삐 풀린 자유주의 경제의 변동이나 기술적 조정보다 훨씬 더 큰 의미가 있다. 피해자들—세계 인류의 반 이상이 해당된다—을 동정하는 목소리가 커지고 있지만, 더 근본적인 해결책에 관한 실마리를 제공하는 대담한 비전은 없다. 투입되는 어마어마한 자본(선진국 시민들의 돈)과 각종 미봉책들은 불충분할 뿐만 아니라, 체제의 병폐를 완전히 고치지 못한다. 위기는 우리에게 새롭게 문제를 설정하라고 요구하고 있다. 즉 우리에게 익숙한 원칙들을 치워버리라고 요구하는 것이다. 또한 근본적이며 필연적인 문제를 제기하라고 강제한다. 우리는 분명 어려운 시대를 살고 있지만, 신나고 희망이 있는 시기를 건너고 있기도 하다. 그람시가 말했듯이, 위기는 바로 낡은 것의 죽음 속에 들어 있기에 새로운 것이 탄생할 수 있는 법이다.

실제로 오늘날 문제의 근본 원인은 개인주의와 합리성을 지나치게 숭배하거나 배타적으로 의존하는 풍조 그리고 자기 잇속만 챙기는 조직들에 있다. 사람은 본질적으로 사회적이고 정치적인 존재이다. 언제나 그래왔다. 사회적 요구에 대한 좀 더 나은 대응으로 생각되는 깊이 있는 개혁들 중에서 내가 확실히 지지할 수 있는 것은 오직 진정한 공동체주의적 자유주의 또는 자유주의적 공동체주의뿐이다. 내가 보기에 이것은 우리가 어디로 향하는가를 이해하는 데 필수적이다. 나는 희망을 가진 사람이며, 지금과는 다른 더 나은 세상을 이룰 수 있다고 확신하는 사람이다. 현실을 외면하는 정책들은 정당화될 수 없다. 기계적 합리성 자체는 우리가 현실을 직시하는 데 도움을 주지 않는다. 나는 이 (신)자유주의가 우리가 갈 수 있는 유일한 길이란 생각에 조종이 울렸음을 선포하는 게 더 낫다고 생각한다.

전 유엔총회 의장 미겔 데스코토Miguel d'Escoto는 최근 이렇게 말했다. "월가의 붕괴와 자유시장 옹호자들의 관계는 베를린 장벽의 붕괴와 공산주의의 관계와 같다." 이 말은 조지프 스티글리츠Joseph Stiglitz의 다음 주장과 궤를 같이한다. "이번 위기의 유산은 인류와 전체 세계에 무엇이 더 좋을까를 상상하는 데 요구되는 이념과 꿈을 둘러싼 전 지구적 투쟁이 될 것이다." 우리의 첫 번째 도전 과제는 위기를 어떻게 바로잡느냐가 아니다. 그보다 우리가 세상을 바라보는 방식에 근본적인 질문을 던지고 다시 생각하는 일이 더 중요하 다. 요 몇 년 동안 모두가 은행들을 나무라며, 이 세상 모든 잘못의 근원이 은행들에 있는 것처럼 말해왔다. 실상은 이 체제가 더 광범위한 질문을 회피하기 위해 기회주의적인 방식으로 은행들을 유용한 희생양으로 삼았던 것이다. 은행들은 그저 자신들이 해야 할 일을 했다. 바로 돈을 더 많이 버는 일이다. 이는 단순한 탐욕이 아닌, 자본주의 신념의 원칙들에 복종한 것이다. 특히 살아남기 위해 성장해야 한다는 원칙에 따른 것이다. 은행들과 기업들에 권력이 집중되는 것은 정말로 위험하다. 그들은 밀접하게 연계돼 있으며, 필요 이상으로 엮여 있다. 우리가 목도했듯이, 하나가 쓰러지면 나머지도 무너져버린다.

이번 위기는 처음 부동산과 주택 부문에서 모습을 드러냈다. 작은 은행이 상대적으로 더 큰 은행에 위험을 재판매했고, 이런 흐름이 계속 이어져 메릴린치, AIG, 리먼브러더스까지 도달했다. 하지만 주택 구매자들이 지불 능력이 없다는 사실을 그들이 깨달았을 때는 이미 너무 늦었고, 결국 전체 구조가 붕괴했다. 사실 이는 예견된 일이었다. 주택 가격 상한제나 총부채 상한제를 법제화했다면 충분히 막을 수 있었을 것이다. 문제는 여기뿐만이 아니라 다른 부문에도 있다. 바로 가격 통제 체계가 없다는 사실이다.

우리의 정부들은 모두 금권정치plutocratic*의 성격을 띠고 있

---

* 부자를 위한 부자의 정부라는 뜻이다.

어, 정부와 거대 기업들의 이해가 하나로 결합되어 있다. 바로 이것이 그들이 아무것도 안 하는 이유이다. 규제를 벗어나 있고―극대화된 단기 이윤을 챙길 수 없으면―어떤 지침도 따르지 않았던 많은 은행들이 무너지거나 파산했다. 은행들은 위험을 최소화하는 방향으로 조직되어야만 한다. 그리고 빚을 진 사람들이 또 다른 부채를 갚기 위해, 이른바 돌려막기를 하기 위해 신청하는 대출을 허가하지 않아야 한다. 은행들은 너무 많은 대출자들이 은행에 돈을 갚지 못하면, 결국 은행이 파산하고 만다는 사실을 알고 있다.

그렇다면 대출을 받으려는 농장 노동자들이나 신용한도가 소진된 임노동자에게 적용하는 원칙을 왜 거대 은행들에게는 적용하지 않는가? 2009년 엄청난 손실을 입었던 미국의 거대 은행들은 정부의 어떠한 규제와 간섭도 받지 않으려고 오바마 정부가 위기가 가장 극심한 시기에 제공했던 7000억 달러의 대부분을 즉각 갚아버렸다. 은행들은 오바마 정부가 공적 자금을 투입해 구제해주고 대신 법을 제정해 도입하려 했던 원칙들을 그럭저럭 다 회피했다. 대통령이 옳았다. 결국, 투입한 공적 자금은 대중들의 돈이다. 위기가 가장 극심했을 때 골드만삭스의 대표는 이렇게 선언했다. "나는 내 회사에 책임이 있을 뿐 시민들에 대한 책임은 없다." 그럼에도 불구하고, 그는 시민의 한 사람으로서 책임을 져야 하고, 기득권 체제 내의 주체로서 감당해야 할 책임이 있다. 미국 정부가 융자를 남발하고 있던 바로 그때에 재정적자가 쌓이고 있었고 시민들은 지금 정부의 빚을 갚고 있다. 만약 국가가 은행을 국유화하고 소매 은행과 투자 은행의 분리를 강제했더라면, 이런 일은 아예 벌어지지도 않았을 것이다.

분명한 것은 정부들은 무슨 수를 써서든 자본주의 체제가 실패하지 않고 위기를 뚫고 나갈 수 있도록 애를 쓴다는 사실이다. 현 위기는 이러한 사실을 잘 보여주었다. 다시 말해, 현재 위기에서 정부는 대안을 찾기보다는 어떤 값을 치르더라도 현 체제를 보호하길 선호하며, 자본주의 체제의 종말을 두려워한다. 만약 정부가 메릴린치에 600억 달러를 투입하지 않았다면, 이 은행은 사라졌을 것이다. 더불어 전체 은행 시스템도 무너졌을 것이다. 경제적 결정을 내리는 사람들은 이런 지원이 아무것도 해결하지 못하는 미봉책에 불과하다는 사실을 아주 잘 안다. 다른 한편, 국가의 금고가 비어 있기 때문에, 머지않아 또 다른 위기가 발생한다면 대응할 수단이 전혀 없을 것이다. 야만적인 고삐 풀린 자본주의가 초래하는 피해는 계산이 불가능할 정도다. 전기 충격 말고는 어떤 치료법도 별 효과가 없을 정도로 유기체를 손상시킨 일종의 암과 같은 것이다.

자본주의에서는, 아무도 유죄가 아니며 책임도 없기 때문에 시민적 책임성의 실패 문제가 존재한다. 결국 모든 해답을 내놓는 것은 항상 시장이다. 시장 이론가들은 보이지 않는 손 또는 섭리가 모든 것을 바로잡기에 주체들은 이와 무관하다고 생각한다. 정말로 이런 생각은 전적으로 과학보다는 신념에 의존하고 있다. 즉 신성한 섭리에 대한 믿음이다. 이 공리를 의심하거나 비난하면 신성모독이다. 시장은 배제, 폭력, 혐오, 그리고 죽음에 이르는 길을 연다. 프로이트와 케인스가 "죽음에 대한 무의식적 동경death wish"이라고 말했던 의미에서 그렇다.

자본주의라는 신의 실패

베를린 장벽이 무너진 이래로(매우 상징적인 사건인데, 당시에는 매우 실감나는 일이었다) 전 세계의 심리적·정치적 상황은 이렇게 요약할 수 있다. 인류는 모든 지성, 즉 모든 비판적 의식을 포기하고 종교에 우선권을 주었다. 최악은 아무런 의문도 허락하지 않는 시장이라는 종교가 지배하게 된 상황이다. 하지만 우리는 이 도그마 대신 인간적인 대안을 제시할 수 있으며, 또 그래야만 한다. 사실, 현 자본주의는 종교─즉 자유주의 시장이라는 종교 또는 시장 예언가의 종교─에 의한 일종의 소외이다. 자본주의는 고유의 병적이고 세속적인 특이성을 만들어냈다. 예를 들면 자본주의는 모든 도덕적 지평선, 즉 영원eternity이라는 생각을 아예 상실했다. 이는 인류 전체에게 재앙이다. 부와 권력은 이러한 쓰러진 신들의 왕좌 위에 쌓여왔다. 정치적 담론, 선동, 그리고 미디어가 이런 과정을 부풀린다.

종교와 관련된 모든 것에 부정적이긴 하지만, 자본주의는 고유한 섭리를 가진 신념들에 생기를 불어넣을 수 있었다. 이 섭리는 초월적이면서도 즉각적이고, 현현하면서도 부재하며, 우리의 상상력을 훨씬 뛰어넘는 동시에 뇌와 머릿속에 존재한다. 이 체제의 괴팍함은 사익이 공익과 저절로, 자율적으로 조화를 이룬다는 믿음에 기초하고 있다. 하지만 이렇게 전제된 신성한 섭리는 존재하지 않으며, 다른 한편으로 희소한 자원들과 이익의 분배 문제가 발생한다. 이런 문제에도 불구하고, 많은 사람들이 시장 체제가 규제를 받지 않아야 하고 국가의 법체계에는 아주 조금만 종속되어야 하며, 자본주의의 진정한 신학자인 애덤 스미스의 말로 유명해진 이른바 "보이지 않는 손"에 의해서만 조정되어야 한다고 믿는다.

극단적 자본주의의 마술적 주문인 자유방임주의laissez-faire, laissez-aller*, 그리고 "어떤 제한도 없는" 자유무역은 거대한 재앙이나 다름없는 결과를 초래한다. 불행히도, 우리는 최근에 이러한 결과를 목도하게 되었다. 자유주의는 어둡고 괴팍한 측면을 지니고 있다. 우리는 이것의 진면목을 알지 못하지

---

* 말 그대로 번역하면, "순리대로 가게 그냥 나둬let it be, let it go"이다. 자유로운 사업체가 자체의 경제 법칙에 따라 운영되도록, 정부는 최소한으로 필요한 수준을 넘어선 규제나 간섭을 하지 않아야 한다고 보는 경제 원칙이다.

만, 분명 존재한다. 자유주의는 인간관계를 규정하는 원칙에 기초하고 있지 않다. 그것은 초월적 신, 즉 이윤과 권력에 의해서만 인도되는 이교도적 섭리에 기초하고 있다. 이러한 맹신 때문에 우리는 자본주의 현실의 본 모습을 보지 못한다. 마치 신과 같다고나 할까. 우리는 자본주의의 진정한 정체를 알지 못한다. 또 자본주의가 어디에 있으며, 어디로 가고, 무엇을 진정으로 추구하는지 모르면서 무턱대고 믿는다. 나는 자본주의가 진짜 무엇인지 확실하게 말할 수 없다. 과학적으로 그것의 존재를 증명할 수도 없다. 아인슈타인은 이렇게 말했다. "아마도 우리는 우주가 작용하는 방식에 대해 겨우 1퍼센트밖에 이해하지 못할 것이다. 우리가 사는 지구는 거대한 시스템 속에 있는 아주 작은 행성일 뿐이다." 그렇다면 우리는 이 전체 시스템이 굴러가는 방식을 어떻게 알 수 있을까? 자본주의를 존속하게 하는 것은 바로 자본주의에 대한 믿음이다.

프리드리히 하이에크Friedrich Hayek와 밀턴 프리드먼Milton Friedman은 자신들이 신자유주의 체제를 정당화하기 위한 적절한 과학적 논거들을 가지고 있지 못하다는 사실을 잘 알고 있었다. 그들은 걸핏하면 이렇게 말했다. 체제를 작동시키기 위해서는 우리가 체제를 신뢰해야만 한다! 왜 우리가 다른 체제보다 이 체제에 더 많은 신념을 가져야만 할까? 대안들은 존재하지 않는가? 대단히 중요한 문제이다. 그래서 내가 이번 위기를 "신이 준 선물"이라고 부르는 것이다. 덕분에 우리가 눈을 뜰 수 있게 되었다. 그리고 사람들에게 그들을 불확실하고 불안정하게 만들었던 무지를 떨쳐버리고 지식을, 더욱더 진실한 과학을 향해 나아가자고 설득할 수 있게 되었다. 자유주의 시장의 섭리는 순전한 발명품일 뿐이어서 배제된 자들, 가난한 사람들, 농장 노동자들과 걸인들이 진보의 약속을 믿게 만드는 환상을 창출한다. 그들의 기약은 '빈곤과의 싸움'에 나선 이들에 맞선 위험한 담론으로 위장되어 있다.

"민중들이여, 당신의 배가 고프긴 하겠지만, 편히 주무시게. 시장과 그것의 성장이 당신들의 미래를 보장해줄 터이니." 하이에크와 프리드먼이라면 이렇게 말했음 직하다. 이것이 천국을 약속하는 종교적 기약이 아니라면, 뭘까? 현실에서 자유주의는 새로운 신으로, 전능한 힘을 가진 신으로 제시된다. 마치 시장이 모든 것을 할 수 있을 뿐만 아니라 조정할 수 있는 것처럼 말이다. 그렇다면 우리는 새로운 유형의 신화에 직면하고 있는 것이다. 문제는 이 새로운 신이 우리가 들어온 신성한 약속을 하는 존재와 아주 거리가 멀다는 사실이다.

가난은 저주가 아니다

1989년에 일어난―베를린 장벽의 붕괴로 상징되는―사건들 이래로 사회적, 문화적 혼동이 온 세상을 뒤덮었다. 이른바 사업가들이 우리를 어느 방향으로 얼마나 빠르게 끌고 가는지 아무도 확실히 알지 못한다. 그들은 우리의 한 걸음 한 걸음을 인도하는데 지배 원칙은 속물근성이다. 다시 말해, 이기적인 사람들과 그들의 환상이 권력을 잡았다. 그리고 정치학에서는 영원한 거짓말이라는 의미로 해석되는 기만이―이념과 경제라는 두 차원에서―승승장구한다. 자기도취적 문화가 권장되고 있다. 온 세상에 유익한 무한 진보를 옹호하는 현대 좌파의 드라마와 유희도 여기에 자리 잡고 있다. 이 드라마는 기업과 정치 지도자들이 위에서 내려 보내는 메시지의 거울 이미지이다. 이와 대비되는 것은 오로지 기층에서 나오는 현실 메시지이다. 현대 자본주의에 대한 이러한 신념은 우리의 머릿속을 뚫고 들어와 NGO들을 포함해 개발 기구들을 좌우하고 있다. 진보와 경제 발전이라는 그들의 이념 자체가 가난한 사람들과 환경에 대한 신성모독이다. 세계화는 다국적기업과 초국적기업이란 형태로 머리에 천 개의 촉수를 가진 괴물들을 몰고 온다. 그리고 그들이 "세계의 모든 문제를 해결할 거라고" 믿도록 만들어왔다. 가난? 그들은 미디어에 돈을 대고 광이 나는 지면에 홍보 캠페인을 펼치면서 가난을 뿌리 뽑겠다고 약속한다. 그들은 빈곤 퇴치를 "세 번째 새천년의 최우선 순위"에 올려놓겠다면서 심지어 국제연합 같은 국제기구들을 지원하기도 한다. 이런 행위 자체가 가난한 사람들의 현실을 조롱하는 것이다.

커피를 재배하는 작은 공동체의 성원이자 노동자인 나 자신에 관해서 말하자면, 박사학위가 네 개나 있지만 수십 년 동안 육체노동을 면하지 못하고 있다. 소생산자들과 함께 하는 일은 고되고 힘들며 고통스럽다. 하지만 그것은 인생의 교훈과 자유, 행복을 선사한다. 그들이 추구하는 바는 부자가 되는 것이 아니라, 자존감을 가지고 살고 무엇보다 비참함에서 탈출하는 것이다. 그들에게 가난은 저주가 아니다. 이것이 바로 30년 이상 내가 일하며 살아온 산악 지대 농장 노동자들이 준 가르침이다. 그들의 시야를 혼동의 벽으로 가리지 않고 희망의 전망을 제공하는 게 중요하다. 종종 이해하는 데 애를 먹긴 하지만, 일용할 양식을 얻기 위한 투쟁과 생존을 위한 저항이 새로운 관점을 열어준다. 선진국이 제3세계에 제공하는 개발 원조의 많은 부분이 이러한—종종 무의식적인—공포 또는 근심에 기초하고 있다. 이것이 문제를 더 심각하게 만든다. 전쟁을 연상시키는 구호 "가난과 싸우자"는 개념 자체가 무엇보다 가난한 사람들의 공포에 기반하고 있다. 내가 입수한 정부의 개발 원조 정책들을 요약하는 문서에서 다음과 같은 생각을 명확히 읽을 수 있었다. "우리는 사회적 불안정을 경험할 가능성이 가장 큰 나라들에 원조를 집중해야 한다." 다시 말해 혁명을 봉쇄해야 한다는 얘기다. 겁나지 않는가?

그럼에도 불구하고 자본주의 체제 자체가 가난과 비참을 야기하고 양산했다. 이런 상황은 하늘에서 뚝 떨어진 게 아니다. 실제로 우리는 자본주의가 식민주의와 함께 탄생했고, 그렇지 않았다면 불가능했다는 사실을 종종 까먹는다. 자본주의는 개도국들에서 징발한 부를 먹고 자랐으며 빈곤을 야기했다. 아메리카, 아프리카, 아시아의 "발견"과 함께, 개척자들과 식민주의자들이 온갖 부의 재산 목록을 작성해 지주와 원주민에게서 빼앗고 착취해 선진국들로 가져갔다. 더불어 토착 정부는 물론 문화 양식 전체를 파괴했다. 그리하여 이들 지역 정부는 최근까지도 전체 국민들을 통치할 수 없게 되었다. 오로지 군부나 부패한 정부만이 그들을 통제했다.

착취당하던 사람들이 정의를 선언한 첫 사례가 그 유명한 "보스턴 티 파티" 사건으로 시작된 미국혁명이다. 당시 영국은 인도에서 들어오는 모든 차를 독점하고 있었다. 차는 "신세계"에서 가장 주요한 음료였다. 영국이 세금을 인상하고 정착민을 학대하자 주민들은 반란을 일으켰고, 적하된 차를 모두 바다에 집어 던졌다. 아메리카인들이 영국 주인들에게 자신들은 노예가 되고 싶지 않다는 점을 분명히 보여준 최초의 대응이었다. 이 사건은 근대의 첫 번째 혁명으로 귀결되었다. 미국인들이 나중에 아프리카 사람들에게 새로운 노예제를 계속 강제하긴 했지만, 이 사건은 애초에 폭력이 자본주의를 추동한 한 가지 요인이었다는 사실을 깨우쳐준다는 의미가 있다.

어떤 빈곤도 하늘에서 뚝 떨어지지 않는다. 가난을 양산하는 것은 바로 신자유주의 자본주의이고, 그것을 원하는 사회이다. 부자 나라들에서 한없이 부를 축적하니 나머지 세계가 빈곤해진다. 이 둘 사이에는 수학적 상관관계가 존재한다. 지구의 자원과 자산들은 제한돼 있기 때문에, 어떤 이의 주머니를 두둑이 채우는 것은 다른 이의 주머니에서 나오게 되어 있다. 나는 이윤 추구에 반대하지 않지만, 그것의 분배와 재분배를 통제해야 한다. 관건은 이윤의 "민주화"와 재분배이다. 예를 들어, 우리는 고용주 보수가 노동자 최저임금의

200배를 넘지 못하게 해야 한다. 나는 민주적인 국가들이 소득을 공유하는 더 공정한 규제를 실행하는 날이 오기를 바란다. 그중 일부는 사회 프로그램에, 일부는 투자에, 일정액은 생태에 할당하고, 일정액은 노동자들에게, 그리고 또 다른 일부는 주주들에게 주는 것이다. 실제 현실은 모든 것을 가진 주주들만 결정권을 행사하고 우리는 기업이 벌어들이는 돈이 어디로 향하는지 알 수 있다. 물론, 우리는 위험을 감수하는 행위에 보상해야 한다. 그러나 20퍼센트는 지나치다. 위험을 감수하는 자본에 대한 보상은 3~5퍼센트면 충분할 것이다. 이 수치는 은행 예금의 평균 수익률과 비슷하다. 왜 자본가들은 그렇게 높은 수익률이 필요한 걸까?

자본주의는 특정한 환경을 창출했다. 자본주의의 모든 주체들은 서로 뗄 수 없이 엮여 있으며 하위 위성국들을 모두 종속이라는 늪으로 빠뜨린다. 이러한 맥락에서, 공정무역은 자유로운 양심을 성숙시키는 도구 또는 수단으로 작용한다. 공정무역은 모든 사람이 현실을 완전히 자각할 때까지 가난한 사람들을 도울 것이다. 많은 사람이 가난한 사람들의 존엄과 정의, 심지어 존재 자체를 짓밟는다. 하지만 그들은 가난이 가난한 사람들 탓이 아니라는 사실을 점차 깨닫게 될 것이다. 체제가 가난한 사람들을 양산했고 분리했으며, 계속 비참하게 살도록 방치했다. 가난한 사람들은 늘어만 가고 있다. 우리는 빈곤을 끝장낼 해결책을 찾아야 한다. 지금의 자본주의는 특히나 배제된 사람들 입장에서는 엄청난 실패작이기에, 우리는 지금과는 다른 시장에 우리를 의탁해야 한다. 하지만 우리는 이 위기 속에서 조심해야만 한다. 공정무역은 지배적 체제와 어느 정도 거리를 두어야 한다. 그렇지 않으면, 기존 체제의 일부가 되어버릴 것이다.

우리 모두의 책임이다

이번 위기의 원인들을 분석함으로써 일부 개혁의 길을 찾아 냈으리라 생각하는 사람들도 있을 법하다. 불행히도, 그런 교훈은 하나도 얻지 못했다. 위기가 제공한 가르침을 그냥 다 놓치고 말았다. 이 체제를 유지시켜왔던 이념가들과 이데 올로그들의 실패가 온 천하에 드러났지만, 그들은 온전한 힘 을 갖추고 반격하고 있다. 이 위기를 빠져나가기 위해, 국가 와 공공의 자금 지원에 의존했다. 이것은 정부 개입은 최소 화해야 한다는 자신들의 경제 도그마에 반하는 행동이다. 이 리하여 그들은 사적인 부채를 공적인 부채로 전환했다. 편익 은 사유화하고 손실은 사회화하는 것을 당연시했고 이런 생 각을 공고히 했다. 이는 아주 이상한 방식으로 자신들이 시 장과 자본주의 자체를 사회체제라고 믿고 있다는 것을 확인 해준 것이다. 이것은 더 이상 자본주의가 아니다. 그저 강도 질이다. 더 나아가, 신자유주의의 사회적 기반을 옹호하던

자들은 자신들의 금융적 부담을 털어내고 대신 전체 국민들의 어깨에 얹어놓았다. 국민들이 금융위기를 초래한 것이 아닌데도 말이다.

최악의 사태는 자유주의 체제가 계속해서 마치 긍정적인 업적을 이루었다는 식의 환상을 유포하고 있다는 사실이다. 다양한 형태의 노예제보다 개인주의적 자유가 좋다고 선전하며, 기술 진보와 상품, 서비스의 생산이 전례 없는 수준으로 발달한 것도 모두 자기네 업적이라고 주장한다. 그러나 이런 발전이 풀지 못한 아주 중요한 문제 하나가 있다. 바로 모든 이들의 노력의 결실인 생산물과 부를 제대로 분배하지 못하고 있다는 문제이다.

한편으로, 현재 위기는 공정무역의 강점을 드러내주었다. 다른 한편으로, 자유주의 경제의 목표가 모든 것을 지구화하는 것이란 사실도 드러냈다. 경제 권력뿐만 아니라 이념 권력도 지구화하면서 자유주의 전망과 삶의 개념을 강제하고, 모든 것을 개인화한다. 사회적인 요구를 완전히 억누르지는 않지만, 사적인 차원으로 치부하고 떠넘긴다. 나는 지구화에 반대하지 않는다. 나는 공정무역을 지구화하고 싶다. 그렇지만, 지배자들이 선포하는 여러 모델에 많은 의구심을 품고 있다. 진짜 중요한 문제는 지구화가 무엇을 뜻하는지 아는 것이다. 현실에서 지구화는 단순한 경제 문제가 아니기 때문이다. 여기에는 서구의 민주주의 모델을 전 세계에 확산시키고, 개인주의 문화를 증진하는 것과 같은 헤게모니와 관련된 목표들이 포함되어 있다. 이는 모든 것을 균질하게 만들어버린다. 원하지도 않았는데 우리 모두가 갑자기 같은 열차에 올라타게 된 것이다. 하지만 동시에 저항도 일어나고 있다. 모든 체제에서 그래왔듯이, 지구화는 시장의 강박관념의 소산이다. 지구화는 다양한 문화와 차이들을 억압한다. 다시 말해, 다양성을 파괴하면서 지구화라는 단일한 모델로 귀결되게 만든다. 그래서 나는 탈지구화를 제안한다. 이는 지구화에 반대한다는 말이 아니다. 그보다는 연대의 조직들과 사회적 조직들의 지구화를 의미한다.

이 모든 흐름의 한가운데서 가난한 사람들과 배제된 사람들은 자신들의 특수성과 다양성을 존중하고 가치를 인정하는 모델을 선호한다. 나는 우리가 그들로부터 배워야만 한다고 믿는다. 또한 다양성 수출이 단일 모델 수입보다 더 낫다고 생각한다. 이것이 바로 내가 말하는 품위 있는 빈곤의 경제the economy of dignified poverty이다. 이 경제는 성장 도그마의 사회 비용과 환경 비용을 감안하고 있다. 공정무역은 생태적 체제이기 때문이다. 이번 위기에도 불구하고, 무한하고 영구적인 개발이 가능하다는 믿음이 계속해서 세상을 지배하고 있다. 그러나 이러한 믿음은 아무런 과학적 근거가 없다. 모든 성장이 다른 것들에, 그리고 지구 자체에 해로운 영향을 미친다는 사실을 우리는 잘 알고 있다. 선진국들은 모든 것을 가졌음에도—그리고 지나치게 많이 가졌음에도—더 발전하기를 원한다. 사람들은 비만에 시달리고, 쉽게 지루해하며, 이제는 달나라로 여행을 떠나길 바라고 있다. 반면, 지구 인구의 나머지 80퍼센트는 그저 존엄성을 유지하며 생존하길 바랄 뿐이다. 그들이 생존하는 데는 상대적으로 매우 적은 비용이 들 뿐이다.

설상가상으로, 선진국들이 야기한 지구온난화의 결과로 개도국들이 고통받고 있다는 사실을 이제 우리 모두가 알게 되었다. 기본적으로 기후변화에 대한 책임은 선진국들에 있다. 바로 그들이 자연과 자원, 환경 보호에 적극 나서야 한다. 이웃 국가들에게 이거 해라 저거 해라 요구하기 전에, 그들이 자신들의 뒷마당을 깨끗이 청소해야 한다. 선진국들은 개도국들에게 너희들이 사회기반시설을 개발하면 환경이 오염되니까 하면 안 된다고 말할 권리가 없다. 무슨 이유로 그들이 과거 서양이 했던 방식으로 중국이 개발하는 것을 막으려 하는가? 제국주의 열강들이 수세기 동안 세계를 오염시켜 왔다. 무슨 근거로 같은 방식으로 개발하려는 신흥국들을 막을 수 있나? 동시에 중국과 인도가 서구 국가들이 했던 방식으로 개발에 나서면, 지구는 붕괴한다. 선택은 그 국가들에게 달려 있다. 최악의 상황은 우리가 사방에서 듣고 있는, 중국이 환경의 중요성을 잘 이해하고 있다는 말과 반대로 행동할 때이다. 최근에 중앙정부가 내놓은 계획의 가장 중요한 장에서 환경을 다루고 있다. 그들도 어느 정도는 무언가 해야만 한다는 사실을 알고, 정부 정책에 반영하고 있다. 그렇지만 다른 한편으로 지구에 돌이킬 수 없는 결과를 초래하는 행동을 취하고 있다.

이번 위기에도 불구하고, 선진국들은 문제를 적극적으로 해결하려는 의지를 보이지 않고 있다. 그나마 잘못을 인정한 앨 고어Al Gore뿐만 아니라 그들 모두에게 책임이 있다. 우리는 환경 문제를 더 많이 고려해야 할 뿐만 아니라, 배제와 착취의 문제도 해결해야만 한다. 지구 환경을 오염시킨 자들이 비용을 지불해야만 한다. 모든 화학제품 또는 오염원에 조세를 부과해야 한다. 이루기 어려운 목표이긴 하지만, 그럼에도 불구하고, 꼭 이루어야만 한다.

행복? 그게 뭐지?

품위 있는 빈곤은 어떻게 가능할까? 무엇보다 삶의 기본 요소들을 마련할 수 있게 해주어야 한다. 가령 토지 소유, 일, 그리고 한 가정을 먹여 살리고 유지하기 위한 공정한 보상 등이 있다. 안정된 주거지를 갖고 건강보험과 교육 받을 권리를 누리는 등의 기본적인 사회 기반을 확보하는 것도 포함된다. 국가는 가난한 사람들이 생존할 수 있도록 민주적 환경을 조성하고 궁극적으로 인간적인 삶을 보장해야 한다. 이러한 목표에 도달하기 위해서는 사회의 행복을 측정하는 기준들을 새로 마련할 필요가 있다. 행복은 파는 물건이 아니며, 돈으로 살 수도 없다. 식량, 생명, 건강, 교육은 사회의 기본 필수품이다. 사실 이 이상 무엇이 필요하단 말인가? 나머지는 단지 허구적인 필수품이다. 다시 말해, 자본주의가 세상 전체에 뿌려댄 인공물에 불과하다. 자본주의는 그저 키보드와 조이스틱에 매달려 전쟁 게임이나 하느라고 바쁜 멍

청이 세대들을 양산해왔다. 이 무슨 어리석은 짓인가! 〈아바타〉란 영화가 성공한 데서 알 수 있듯이 이 현상은 극단적인 폭력이 넘치는 우리 사회가 달성한 세계의 한계를 잘 보여주고 있다. 이토록 증오가 끓어넘치는 영화에 그토록 많은 관객이 몰리고 그토록 많은 상을 받다니……. 진정한 삶은, 실재하는 가난은 어디에 있는가? 우리는 사물의 진정한 가치와 기쁨을 잃어버렸다. 인류가 함께하고, 서로 연결되는 매개체를 모두 잃어버렸다. 우리는 서로를 묶어주는 사회적 유대를 잃어버렸다. 심지어 침묵조차도 존재하지 않게 되었다. 우리는 인터넷, 비디오 게임, 쇼핑센터를 통해서만 생겨나는 관계가 아닌, 새로운 관계 맺기 방식을 시급히 채택해야 한다. 농업 노동자 스스로 관리하는 친환경 관광, 윤리적인 유기농 에코 식도락 음식을 발전시키고, 자연과 어우러지는 삶을 복원하며, 새, 숲과 같은 우리를 둘러싼 자연의 선물에 깃든 진가를 느낄 수 있어야 한다.

자유주의는 개인주의적 자유도 사회적 책임도 창출해내지 못했다. 오늘날 교회, 노조, 국가 등 현대사회의 각종 기관과 기구에서 이 두 가지를 찾아보기 어렵다. 지도자들이 이런저런 선언을 하루가 멀다 하고 내놓지만, 그들은 아무것도 하지 않는다. 문제는 거기에 있다. 개인주의적인 자유 자체가 목적이 될 수는 없다. 그것이 공동체의 이익에 부합할 때만 의미가 있다. 오늘날에는 모든 것이 허용되지만 나는 이것이 건강한 풍조라 믿지 않는다. 케냐에서 마사이족은 작은 마을에 무리 지어 산다. 그들을 보호하는 데 더 낫다는 핑계를 대며 그렇게 유도하지만 사실은 그들을 통제하기 위한 것이다. 그런 가운데, 수천 헥타르에 달하는 마사이족의 토지는 다국적기업에 팔리고 있고, 그들은 북미나 유럽을 위해 식량을 생산한다. 이러한 부조리와 비정상에 관해 정부가 아무런 조치도 취하지 않는다는 사실에 나는 분노한다. 좋게 봐준다 해도, 이는 정부의 무책임과 무능력을 증명하는 것이다. 더 나아가 정치적 의지의 부족 문제이다. 인류학적 차원의 근본 문제가 있다. 즉 사람들은 짐승이나 노예가 아니라 인간 존재로서 인정받고 싶어 한다는 것이다. 이는 다양한 방식의 삶이 있고, 이를 둘러싼 환경과 인류의 다양한 상태를 인정해야 한다는 뜻이다. 여기에는 특정한 권리들이 녹아들어 있다. 또 한편 이와 반대되는 사안도 있다. 이는 특히 선진국들에 해당된다. 우리는 감정, 합리성, 사회적 약점 같은 다양한 성격을 타고났다. 그런데 지금 우리는 인간 존재를 부정당하는 상태에 처해 있다.

속물근성이 지배하는 세상에서, 다시 말해 한 치 앞도 내다보지 못하는 곳에서 폭발한 위기는 자본주의 체제를 파괴하라고 요구하지만, 명확한 길이 보이지 않는다. 새로운 것을 제안하기란 쉽지 않지만, 우리는 더 많은 경험을 쌓고, 서로 소통하고 대화에 뛰어들어 시급하게 길을 찾아내야 한다. 공정무역은 소비자가 상품을 구매할 때 어떠한 선동이나 조건을 넘어서 스스로 생각하는 주체가 될 가능성을 제공한다. 이는 우리를 점점 더 옥죄고 있는 순응적 집단의식에 더는 맹종하지 않으려는 의지를 뜻한다. 공정무역 물품을 구입하는 것은 다른 세상이 가능하다는 것을 보여주는 일이다.

국가는 무서워!

세계의 가난한 사람들은 분노하며, 금융권에 명확한 원칙을 도입하고 미쳐 날뛰는 시장을 제어할 것을 요구하고 있다. 무한정 틀어놓고 있는 금융의 수도꼭지를 잠가야만 하고, 거기에 일정한 사회적, 인간적 원칙들을 강제해야 한다는 점을 잘 알고 있다. 이것이 반향 없는 공허한 외침에 불과할 수도 있다. 이런 바람이 껍데기에 불과한 국가들을 향하고 있기 때문이다. 이 허약한 국가들의 경제는 그저 1990년에서 2000년 사이의 탈규제 바람이 불던 시기에 발전했던 경제체제의 그림자일 뿐이다. 단지 체제를 보호하는 기구로 전락해버린 국가는 일어서보려고 안간힘을 쓰고 있지만 민주적인 방식으로 관리되는 국가는 더 이상 존재하지 않는다. 오로지 금권정치에 의해 굴러갈 뿐이다. 은행들, 거대 산업자본, 통신 기업들이 국가를 간접 통제하고 있다. 거대 권력들의 이해에 손발이 묶여 조정되는 상태에서 국가는 근본적인 변화를 수행할 수 없다. 그래서 체제의 누수를 최대한 빨리 막으려고 시도하며, 땜질 처방임을 알면서도 대중요법을 남발한다. 극단적 자유주의의 칼끝에서 국가의 책임성은 더욱더 제약되어, 더 사회적이고 공정한 경제체제를 도입할 수 없다. 그래도 여전히 민주적인 방식으로 국민 전체를 대변하는 게 국가의 본성 아닌가? 그리고 가능한 한 모든 사람의 이해를 염두에 두고 공감대를 형성해 동반자적 관계를 구현해야 하지 않을까? 이론적으로는 그렇다. 영토 수호, 시민의 안전 보장, 사회기반시설의 건설 등은 자유주의를 맹종하는 자들도 국가의 책임이라고 인정하는 임무들이다.

그렇지만, 현실에서는 일이 그런 식으로 진행되지 않는다. 국가는 진정으로 민주주의적이지 않다. 왜 미국의 오바마는 건강보험법을 자신이 원하는 대로 제정하지 못했을까? 거대 기업들이 이에 반발해 맹렬히 로비를 벌였고 결국 그들의 힘이 대통령보다 더 강하다는 사실이 입증되었다. 오늘날 금권 정치에 함몰된 국가는 은행, 주식시장, 다국적기업들을 통제하지도 자신의 원칙을 강제하지도 못한다. 그러면 정권을 잡는 데 커다란 도움을 준 주체들의 이익에 반하기 때문이다. 공정무역을 통해, 우리는 국가가 사회적 책임을 수행하라고 요청하고 있다. 국가는 시민들을 위해 어떤 종류의 식량 보장책을 제시하고 있는가? 어느 정도의 지구 환경 오염을 감당할 수 있는가? 모든 사람을 위해, 특히 가장 심하게 박탈당한 사람들을 위해 어떠한 사회기반시설을 보장할 것인가? 사적인 이익을 추구하는 자들의 손에 우리의 운명과 미래를 맡길 수는 없다. 예나 지금이나 아무것도 정상적으로 작동하지 않기 때문이다. 어떤 곳에서는 민간 기업들이 국가의 지원을 잘 활용해, 매우 낮은 비용으로 토지를 원래 주인에게서 수용해 풍력발전단지를 만들기도 한다. 그들은 생산한 전기를 팔아 돈을 벌 수 있다. 예를 들어, 이탈리아와 멕시코 같은 국가들에서는 정보 미디어가 완전히 민영화되었다. 왜 국가가 국민들에게 정보를 제공하는 역량을 보유하지 않고 사기업에 줘버렸나? 우리는 어떻게 민주주의를 복원할까? 한 줌밖에 안 되는 기득권자들의 이해만을 대변하지 않고, 다양한 국민의 이해를 진정으로 대표하는 국가를 어떻게 창출할 수 있을까?

오로지 금권을 동원해 조작을 일삼는 비밀스런 국가를 바라보고 있지만 우리의 정치적 선택은 전혀 명확하지 못하다. 권력을 쥔 정당들은 기존 체제를 유지하고 싶어 한다. 권력은—백지 투표나 항의 투표 같은—무효표나 사표에는 전혀 귀를 기울이지 않는다. 정치인들이 50퍼센트에 훨씬 밑도는 득표율로 당선되는 상황인데도 아무도 그것을 문제라고 생각하지 않는다. 이것 자체가 이 체제가 제대로 작동하지 않는다는 사실을 보여주는 증거이다. 국가의 기능에 커다란 공백이 존재한다. 공정무역은 경제를 민주화함으로써 이 공백을 메우려 한다. 다수의 지지에 기초한 조직들을 창출하고, 그들을 연계함으로써 가난한 사람들의 의식을 발전시켜야 한다. 이들은 결국 권력이 민중의 손에 들어올 수 있다고 생각하게 될 것이다. 우리는 우리의 주장을 입증해야 한다.

저스트어스! 커피 로스터 협동조합 건물의 장엄한 벽화 앞에 선 지은이 프란시스코 신부. 이 벽화는 UCIRI 협동조합의 예술가 라울 구즈만 엔리케스Raúl Guzmán Enriquez의 작품으로 제목은 '피의 착취 없는 무역'이다.

오악사카 고지대 부에나비스타에 있는 프란시스코의 작은 커피 농장. 저스트어스!에서 온 방문객에게 커피 작물에 관해 이야기해주고 있다.

2005년 캐나다 노바스코샤주 그랑프레에 공정무역 박물관이 설립되었다. 박물관 개소식에서 열린 '공정무역의 미래' 포럼의 토론자들. 왼쪽에서 네 번째가 프란시스코다.

오악사카의 방 하나짜리 작은 집에 있는 프란시스코. 인터넷은 그와 UCIRI를 세상과 연결해주는 생활필수품이다.

UCIRI 조합원인 에난 에두아르도Enan Eduardo가 딸과 함께 커피 열매를 따고 있다. 유기농 커피 농사는 이제 생활 양식이 되었다. 유기농은 힘들고 작황을 예측할 수 없지만, 잘되면 수익이 높고 보람된 일이기도 하다.

과달루페 에체바리아Guadalupe Echevarria. 남편 마누엘 이글레시아스Manuel Iglesias와 함께 UCIRI 협동조합 창립자의 한 사람이다. 쌍둥이로 태어난 그녀는 아마도 그 이유로 공동체에서 영적 치유사의 역할을 맡게 된 것 같다. 오랜 세월 동안 그 역할을 충실히 하며 건강하게 살아왔다.

과달루페와 그녀의 차요테펙 공동체는 오래된 천연림을 보호하는 임무를 맡아왔다. 그리고 이 숲을 이용한 친환경 여행 프로젝트를 성공적으로 개발해 자신들의 커피 생산 사업을 보조하고 있다.

산책은 산악 지대의 일상과도 같다. 커피 농사를 둘러보고, 멀리 떨어진 이웃을 방문하며, 정기적인 협동조합 모임에 참석하는 것 모두가 걷는 일이다.

공정무역 협동조합들은 처음부터 사회적, 환경적 유익함과 더불어 생산물의 품질이 중요하다는 점을 잘 알고 있었다. 페루의 CASIL 협동조합 조합원들이 수확한 작물을 평가하고 커피를 감별하고 있다.

UCIRI 협동조합은 다른 공정무역 협동조합들에게 호혜적 지원을 해왔다. 과테말라 바릴라스 지역의 ASOBAGRI도 그중 하나인데, 이곳의 커피는 품질이 좋기로 유명하다.

공정무역은 커피로 시작해 차, 초콜릿, 설탕, 바나나 등으로 빠르게 확산했다. 에콰도르 리오밤바에 있는 잠비키와Jambi Kiwa 협동조합 조합원들이 자신들이 가져온 허브의 무게를 달고 있다. 그런 다음 조합 소유의 허브차 공장으로 보내서 여러 공정을 거친 후 포장을 한다.

에티오피아 남서부에 위치한 커피 농사 지대 오로미아Oromia. 이곳이 바로 커피가 유래한 곳이다. 커피는 원유 다음으로 세계에서 가장 거래가 많이 이루어지는 상품이 되었다. 커피로 부자가 된 사람들이 많이 생겼지만, 정작 대부분의 커피를 생산하는 소농들은 여전히 몹시 가난하다.

오로미아 커피 농부 협동조합은 217개 지역 협동조합 소속 20만 명 이상의 소농들이 공동 소유하고
있다. 이들은 자립적으로 커피 생산의 산업적 기반시설을 발전시키는 역량을 키워왔다. 사진에 보이는
커피를 세척하고 자연 건조하는 틀을 비롯해 인상적인 커피 공정 시설들은 모두 이들이 만든 것이다.

오로미아 공동체들이 필요로 하는 것은 매우 중요면서도 매우 기본적인 것들이다. 농부들이 모여 스스
로 우선사항을 결정하는데, 대부분 교육, 보건, 깨끗한 식수, 교통 범주에 속한다.

독일 뉘른베르크에서 열리는 BioFach는 세계 최대 유기농 박람회이다. 공정무역 협동조합들과 구매자들이 한 장소에서 현재의 고객과 미래의 거래 상대자를 한꺼번에 만날 수 있다. 이 행사에 참여한 페어패커스Fair Packers의 찰스 딜링Charles Daring, 저스트어스!의 제프 무어Jeff Moore, 남아프리카공화국 부퍼탈 루이보스 차 협동조합의 바렌드 살로모Barend Salomo(왼쪽부터). 페어패커스는 두 조합이 공동 소유한 포장 공장이다.

부퍼탈 루이보스 차 협동조합 조합원들이 조합원 회의에서 서로의 이야기와 투쟁 경험을 나누고 있다. 이들은 남아프리카공화국 백인 농장주들이 수천 헥타르의 토지를 소유하고 있으면서도 대부분 경작을 하지 않고 있는 현실을 지적했다. 반면 흑인 농부들은 밭뙈기 하나 사는 것도 불가능하다. 다행히 이 협동조합은 교회가 기부한 땅을 사용할 수 있었다. 이들은 조합원이 되어 더 많이 일하고 더 많은 위험을 감수하더라도, 모멸감을 느끼며 일했던 플랜테이션으로 다시는 돌아가고 싶지 않다고 강조했다.

공정무역은 아시아에서도 발전했다. 그러나 아시아 모델은 식민지 역사의 영향으로 남아프리카공화국 등에서처럼 다소 절충적이다. 사진은 인도 다르질링에서 찻잎을 따는 노동자들. 이들은 토지나 공장을 소유하지 않아도 노동자 협동조합을 조직해서 보육 혜택과 노동 조건, 생활 환경 등에 관해 협상할 수 있다. 하지만 이러한 변화들은 획기적이기보다는 점진적이다.

공정무역의 정수는 단지 더 높은 소득을 올리는 데 있지 않다. 더 중요한 것은 민주적 참여, 지도력 개발, 품위, 그리고 자신의 운명을 스스로 결정하는 일이다. 변혁적 의미를 가지는 이러한 일들이 소농들로 하여금 신식민지 구조에서 벗어나 새로운 미래로 나아가게 한다.

공정무역은 생산자와 소비자가 아래로부터 변화를 만들 수 있다는 사실을 실제로 입증해내면서 확산되었다. 그런데 공정무역이 성장하자, 이런저런 부류의 사람들이 달라붙으며 온갖 잡다한 것들이 생겨났다. 소생산자들의 삶을 개선한다는 원래 의도는 사라져버릴 위기에 처했다. 그래서 2011년 소생산자 상표Small Producers Symbol를 도입했다. 이 증표는 FUNDEPPO(조직된 소생산자 재단Foundation of Organized Small Producers)라는 독립 재단의 이름으로 소생산자들이 직접 소유하고 관리한다. 홈페이지는 www.spp.coop.

소생산자들과 거래자들이 진정한 연대를 이루어 공정무역의 수준을 높여왔다. 소생산자 상표는 국내외 시장에서 조직된 소생산자들이 만든 물품을 확실히 구별해주었다. 그들은 자부심을 느끼고 있다. 이 생산품들은 소비자들에게 품질을 보증하면서, 지속가능성을 확보할 정도로 성장했다. 이는 또한 소생산자들과 그들 공동체의 힘과 품위를 북돋고 후생을 튼튼히 하는 데 기여하고 있다. 앞으로도 계속 그럴 것이다.

2장

민중이 주도하는 지구화

성장, 무엇을 위해?

글로벌 금융경제 위기는 극단적 자유주의에 기반을 둔 자본주의의 결함과 폭력적 성격이 드러난 사태이며, 기존 체제의 생존 여부를 가늠하는 시험대라고 생각한다. 이는 마치 오랜 세월 동안 지각 밑에 숨어 있던 퇴적물들을 마침내 뱉어내는 휴화산의 폭발 같은 것이다. 그런데 거기에는 좋은 화산과 나쁜 화산이 있다. 어떤 폭발은 새로운 비옥함을 낳는 데 기여한다. 우리가 아는 이런 경우에 해당하는 위기에는 체제를 불사르는 도화선 같은 불꽃이 있다. 우리는 이 지옥에 대한 인간적이고 품위 있는 대안을 찾기 위해 쉴 새 없이 움직여야 한다. 이 체제가 야기한 손해에 대한 청구서를 가난한 사람들이, 가장 많이 박탈당한 가족들이, 버려진 공동체와 미래 세대가 받아 들어야 한다는 현실은 정말 비극이다. 참을 수 없는 일이다.

지금까지 서구는 "진리의 영역"을 확고하게 차지하고, 자본주의에 대한 신념을 온 세계에 강제할 수 있었다. 하지만 세계 인구의 80퍼센트나 되는 배제된 사람들은 아주 오랫동안 이런 체제를 의심하고 있었다. 대안 모델을 창출하려는 사람들이 향해야 하는 방향이 바로 세계 도처에 존재하는 이 거대한 가난의 저수지이다.

자본주의가 불러일으킨 문제들이 축적되면서, 경제의 근본 토대를 변경할 필요가 생겨났다. 공정무역은 자본주의의 등에 난 가시 같은 것이다. 말하자면, 부종이 생기면 가라앉혀야 하듯이, 공정무역에 대한 체제의 대응이 나올 것이다. 우리는 그런 상황을 이용해 원칙을 바꾸고 체제 내부에서 자본주의에 의문을 제기할 것이다. 이런 문제로는 무제한 개발과 같은 도그마도 포함된다.

개발이 과학 발전의 훌륭한 성취이고 영원한 성장을 기약한다고들 생각하지만, 이는 완전한 신화에 불과하다. 게다가 이 신화는 인류를 덮쳤던 가장 해로운 악으로 꼽을 수 있다. 실제로는 지구는 하나뿐이고 자원은 유한하기 때문이다. 그런데 어떻게 이런 현실을 가리고 호도하고 있는가? 하루하루 지구는 점점 더 한계를 보이며, 폭발하고 있다. 지구는 더 이상 견디지 못한다. 어떤 곳에 쌓인 자원과 돈은 필시 다른 곳에서 나온 것이다. 어떤 이들의 부는 다른 이들의 돌이킬 수 없는 궁핍을 초래한다. 빈곤이 더 깊어지는 현실은 무제한 진보가 허구임을 드러내는 증거이다. 지구온난화는 실재하며, 오염으로 인해 지속적으로 생겨나는 지옥이나 다름없다는 사실을 세상 모든 사람이 알고 있다. 실증주의는 과학이 우리에게 밝은 미래를 가져다주고, 아무것도 진보를 막을 수 없다고 우리를 설득해왔다. 각종 사회문제, 예컨대 환경, 실업 등을 걱정할 필요가 없다고 말이다.

이 체제는 수많은 희생양들을 길가에 방치해두었다. 사실은 그들을 먹고 산다. 이러한 희생양들은 이 체제의 존재와 발전과 뗄 수 없는 관계를 맺고 있다. 아무것도 가진 것 없는 사람들을 희생키면서 이 체제는 정당성을 주장한다. 생명권, 일할 권리, 존엄성, 주거권 같은 인권을 선언하지만 존중하지는 않는다. 자본주의는 자기를 방어하기 위해, 성장이 회복되면 혹은 향상되면 자동적으로 가난한 사람들을 위한 일자리가 생기고, 이로써 비참한 삶에서 벗어날 것이라고 주장한다. 우리는 이러한 맹목적 신념을 완전히 끝장내야 한다.

사실, 20세기 자본주의 세계는 지구의 3분의 2와 거기에 사는 주민들을 착취하며 개발을 가속화했다. 즉 고통받는 가난한 사람들, 더 나은 삶은 꿈도 꾸지 못하고 그저 살아가기만 원하는 가난한 사람들을 착취해왔다. 사람의 머리를 겨우 가리는 지붕이 얹힌 집, 변소, 난로를 가졌다 해서 발전이라 부를 수는 없다. 이는 그냥 필수품이다. 같은 맥락에서, 학교에 가고, 교육의 질을 향상시키고, 세계를 배우는 것도 필수적인 일이다. 개발이 편익을 낳는 데 기여했다는 것은 사실이다. 하지만 우리는 이에 따르는 불이익을 계산하지 않았다. 과학과 개인주의적 자유는 편리하고 좋은 것이지만, 선진국은 개도국에서 부를 훔쳐서 발전했다. 우리는 개발이 오직 이런 식으로 이루어졌다는 사실을 솔직히 인정해야만 한다. 그러므로 발전은 완전히 허구적인 개념이다. 길고 긴 인류 역사에서 발전이란 개념은 상대적으로 최근에 나왔으며, 그것도 서구 문화에 국한된 일이다. 우리는 경제가 항상―좋은 해나 안 좋은 해나―발전하고 진보한다는 이념을 맹신하지 말고 신비주의를 타파해야 한다. 인류와 지구에 엄청난 손해를 끼치기 때문이다. 우리는 인류와 우리의 작은 행성, 즉 우리가 살아가야 하는 유일한 장소에 대해 이야기하고 있다. 지구화와 기업의 재배치는 새로운 형태의 식민주의이다. 선진국은 자신들의 풍요로운 소비를 위해 값싼 노동력을 이용해먹고 있다. 자본주의의 엔진은 사람이 사람을 착취하는 시스템이다. 선진국은 왜 개도국의 개발을 그렇게 열심히 주장할까? 자신들의 생산물을 구입할 소비자가 필요하기 때문이다! 개발과 그로 인한 문제점들은 발전이 무한정 계속된다고 믿는 서구 사상의 한 가지 요소로 이해해야 한다. 그들은 발전을 이런 방식으로 환상에 기반을 둔 이분

법처럼 저발전과 대비시킨다. 발전은 저발전이 끊임없이 재생산되어야만 성립할 수 있다. 그런 식으로 저발전 국가들도 똑같이 물질적으로 번영할 수 있다는 환상을 심는다. 두 번째로 중요한 환상은 발전이 고갈될 수밖에 없는 자원들을 지속적으로 착취해야만 가능하다는 사실을 숨긴다는 것이다.

자유주의 경제는 가령 은행 같은 일부 집단의 이익과 권리 창출에 집중한다. 이렇게 풍요한 사회에서 30퍼센트의 미국인들이 빈곤선 아래에서 살고 있다는 사실이 이를 입증한다. 이는 우리가 한 배를 타고 있지 않음을 방증하는 것이다. 우리는 어떻게 품위와 연대, 그리고 책임성을 창출할 수 있을까? 아니 어떻게 우리 모두가 같은 권리를 가지고 있다고 확언할 수 있을까? 우리는 천사가 아니다. 우리는 지상에 천국을 만들 수 없다. 하지만, 가능한 한 착취를 줄이기 위해 우리가 할 수 있는 모든 것을 시도해야 한다. 그래서 기본적인 권리조차 거부당한 가장 약한 사람들을 구하기 위해서 공정무역 네트워크를 만들었다.

자선은 사절

자본주의 체제에서, 부와 권력을 손에 쥔 사람들이 무의식적이긴 하지만 가난한 사람들이 방치되는 현실에 회개하고 자선 행위를 하기도 한다. 자선은―국제 원조와 같은 차원에 놓고 보면―노동에 대한 대가 지불, 공정한 가격의 원자재 구입, 생산 비용의 보장 등 가격 체제 수호자들이 처음부터 했어야 할 일을 안 하고, 그들이 상상해낸 왜곡된 방식으로 보상하는 것이다. 시장에서 베푸는 자선은 해롭다. 가난한 사람들도 인간이라는 사실을, 그들도 권리를 가진 주체라는 사실을 부정하기 때문이다. 북미 사람들이 아이티 대지진 때 피해자들에게 그랬던 것처럼, 자선은 가난한 사람을 객체로 도구화한다. 위기를 자신들의 이익을 증진시키는 데 이용하려 들고 이런 정치적 목적에 인도주의적 긴급 구호라는 외피를 제공한다. 나오미 클라인Naomi Klein은 이렇게 말한다. "극단적인 위기에 몰린 사람들은 너무 급박해서 어떤 성격의 인도주의 구호든, 어떤 형태로 자금이 지원되든 받을 수밖에 없다. 구호 조건을 두고 협상할 유리한 조건에 있지 않기 때문이다." 여기에는 자연재해가 일어났을 때 고생하는 사람들과 손잡는 연대도 포함된다. 단, 연대의 조건과 방식에 따라 수용 여부를 결정하게 된다.

자선은 다른 이들을 주체나 살아 있는 존재로 여기지 않고 객체로 취급한다. 이런 태도는 오히려 기존 체제가 민중의 삶을 지속하게 만드는 역량이 없음을 드러내는 증표이다. 돈을 구걸하는 것은 세상에서 가장 굴욕적인 일이다. 선진국이 개도국에게 전수하는 개발 체제에는 "옛다, 여기 돈 있다"라는 말이 들어 있다. 너무 굴욕적이어서 우리는 이것을 받아들일 수 없다. 이는 부와 원료를 빼앗아 가고 대중의 의식을 개조하려는 신식민주의의 한 가지 형태이다. 이 잔인한 자본주의는 식민주의와 다를 바 없다. 이 시스템을 통해서, 선진국은 여전히 자신들의 전망, 개발 개념, 추상적인 인본주의를 지속 가능한 발전이라는 가면을 쓰고 강제하려고 한다. 서양은 한 번도 식민지 사람들에게 무엇을 원하는지 물어본 적이 없다. 그러나 세상에는 이 체제가 받아들이지 않는 숨은 부가 존재하고, 이 체제가 무시하는 가치가 존재한다. 매일 저항하며 삶을 영위하는 가운데 지배 문화 속에서 무시당하고 학대당한, 가장 빈곤한 사람들 사이에 어떤 통념이 만들어진다.

그들은 자신들의 운명을 규정하고 헤쳐나가려 하는데 이런 당연한 바람은 공정무역이란 개념으로 표현되었다. 그들의 행동은 신자유주의라는 신발 속의 돌멩이처럼 신경을 쓰이게 한다. 공정무역을 통해 그들은 역량을 발휘하며 자신들에게 가장 좋은 일을 할 수 있다. 착취당하는 자의 고통을 누구보다 잘 알기 때문이다. 엄밀하게 과학적인 주장은 아니지만 그래도 과학의 영역을 벗어나진 않는다. 이러한 이유로 농장 노동자들은 불공정한 시장이 강제하는 잘못된 균형을 거부한다. 그들이 왜 더 많은 착취를 당하기 위해 일을 더 해야 하는가? 단순하게 말해, 그들은 자신들에게 필요한 것을 얻으며 살기를 원한다. 그게 전부다.

무엇보다 그들을 달래기 위해 기부나 보조금의 형태로 선물을 던져주는 대신 노동력에 온전한 가치를 부여하고 대가를 지불해야 한다. 그들이 주는 선물에는 항상 "우리는 적어도 가난한 사람들을 위해 무언가를 하고 있다"는 이데올로기가 숨겨져 있다. 이것은 연대와는 아무런 관계가 없다. 가난한 사람들에게 임금을 정확히 지불해서 그들이 NGO의 지원에 의존하는 대신 스스로 필요한 물품을 구매할 수 있도록 하는 게 중요하다. 내 관점에서 보면, 국제 원조는 어떤 형태든 여러 약점을 가지고 있다. NGO들은 종종 가난한 사람들에게 필요한 것이 무엇이냐고 묻지도 않고 정복된 영토에서 자신들이 주민들에게 좋은 게 무엇인지 더 잘 안다고 자부하며 나타나곤 한다. 그들은 항상 기부를 하면서 그때그때 만들어낸 규칙들을 적용한다. 자선이란 가면을 쓰고 자신들의 뜻을 강요하는 것이다. 그들은 자신들이 무슨 짓을 저지르고 있는지도 모르기 때문에 나는 결코 그들의 행동을 용인할 수 없다. 매우 온정적이고 유능하고 선의로 가득한 NGO의 임원들도 꽤 있다. 그렇지만 일반적으로 말해, 그들 주변의 기구들은 바람직하지 않은 일들을 저지른다. NGO의 메커니즘은 자유주의 체제를 정당화하는 대량 파괴 무기이다. NGO들은 지역의 필요가 아닌, 기부자들이 정한 우선순위에 따라 장단기 프로젝트를 수행한다. 3년에서 5년짜리로 실행되고 사라지는 프로젝트를 얼마나 많이 보았던가? 항상 한 프로젝트가 끝나면, 그다음에는 어떻게 해야 할지를 걱정해야 한다. 또 다른 누군가가 배턴을 이어받아 지속하는 일은 본 적이 없다. 대개 NGO들은 아무런 협력도 구하지 않고 같은 장소 같은 시간에 한꺼번에 몰려와 참견한다. 그들은 자신들의 업적을 선전하려고 여기 가난한 사람들이 있다고 소리치는 것이다. 해결책을 찾기 전에 문제를 면밀히 연구하고 이해해야 한다. 해결책은 공정무역처럼 무엇보다 먼저 가난한 사람들 자신이 제시해야 한다.

내가 살고 있는 멕시코에서는 유일한 환금작물인 커피에 의존하고 있는 농장 노동자들이 한데 뭉쳤다. 마름들에게 착취당하고 있었고, 기존 방식대로 일을 해서는 가족들과 먹고 살 수 없었기 때문이다. 여전히 일부 중개인들이 그들을 옥죄려 했으며, 농장 노동자들을 조직하는 데는 시간이 걸렸다. 그렇지만 그들은 국가의 보조금이나 외부 원조 없이 자신들의 존엄성을 찾기 위해 독립적인 방식으로 조직화하기를 원했다. 노동자들은 자신들을 깔보고 존중하지 않는 정부에게 자신들이 입는 옷가지를 빚지고 싶어 하지 않았다. 오랫동안 그들과 함께 살아온 나는 그것을 이해한다. 오로지 이 방법만이 영혼을 팔지 않고 잃지도 않으면서 자신들의 권리를 확립하고 주장을 관철하는 길이었다. 공정무역 덕택에 농장 노동자들은 마침내 확실한 거처와 진료소를 얻고 의사들에게 진찰을 받고 자녀들을 학교에 보내고 돌볼 수 있게 되었다. 가난한 사람들은 구걸하지 않고 보다 공정한 임금을 받음으로써 이러한 권리를 얻어냈다. 이것이 바로 오래가는 관계를 확립하고 공정한 교환을 일궈내는 유일한 길이다.

윤리의 공격

공정무역은 약자들을 빈곤에서 벗어나게 하려고 노력했고 현재 유효성을 입증한 몇 안 되는 경제 계획 중 하나이다. 또한 신자유주의 모델에 대한 실질적 대안이기도 하다. 공정무역은 신자유주의의 횡포에 도전하며, 그것을 바로잡으려고 시도한다. 이 색다른 방식의 상업은 멕시코 오악사카주에서 태어났다. 여기서 유기농 커피 재배 농장 노동자들이 모여 독립 조직인 UCIRI(이스트모 지역 원주민 공동체 협동조합)를 결성해 공정한 가격을 받아내려고 했다. 무법적이고 신뢰할 수 없는 중개인들에게 착취당하던 소생산자들은 한데 뭉쳐서 자신들의 생산물 가격에 사회적 비용과 환경 비용 등 발생한 모든 비용을 반영하려 했다. 공정무역은 농장 노동자들에게 공정한 가격을 지불하려 한다. 이는 그들의 투자, 노동시간, 환경, 사회구조 유지 같은 항목을 모두 반영하여 지불하는 것을 의미한다. 나는 30년 넘게 멕시코 원주민들을 도

우면서 많은 것을 배웠다. 특히 자주적인 조직 결성은 그들의 권리임을 배웠기에 신속하게 협동조합으로 조직해 자신들의 권리를 방어하라고 권할 수 있었다. 이런 식으로 UCIRI 조합원들은 자신들의 생산물, 즉 커피를 중개인들이나 자선 조직들의 도움 없이 수출하는 법을 배웠다. 그들은 계약서를 작성하고 유기농 커피를 판매하는 방법을 학습했다. 사전에 최저 가격을 고정해두고 농부들에게 일정한 소득이 돌아가게 했다. 2000년에서 2005년 사이에 커피의 시장가격은 킬로그램당 45센트였는데, 이 고정 가격 체계가 훌륭한 완충재 역할을 해주었다. 킬로그램당 1.21달러를 제시할 수 있었던 것이다. 세 배나 되는 가격이다! 이 소규모 협동조합은 연 100만 달러의 추가 소득을 얻었다.

이런 방법으로 농부들의 소득이 상당히 늘어나, 10년간 두 배에 이르렀다. 농부들은 여러 프로젝트를 수행하고 주거와 교통 수준을 향상시켰으며, 기반시설을 만들고 소액대출 은행microcredit bank을 발전시킬 수 있었다. 진정으로 주인으로서 자부심과 책임감을 느끼고, 미래에 대한 불확실성을 훨씬 덜게 되었다. 공정무역의 또 따른 근본적 측면은 경영과 관리의 영역에서 농장 노동자들 스스로 꾸려나가는 민주적인 조직화이다.

나는 1988년에 네덜란드에서 친구 니코 로전Niko Roozen과 함께 막스 하벨라르Max Havelaar*라는 이름으로 첫 번째 공정무역 증명서를 발급했다. 나중에 이런 흐름은 수십 개 나라로 번져나갔다. 생산자와 소비자, 그리고 관련 산업에 참여하는 모든 책임 주체들을 아우르는 시장을 창출하고 발전시킨다는 목표를 세웠다. 바로 이러한 방식으로 불공정한 시장에 대항하며 구체적이고 참된 대안인 공정무역이라는 접근 방식으로 나아가게 되었다. 우리가 투쟁에만 매달려 상황을 바꾸기 위한 구체적인 해결책을 찾아내지 못하면 죄다 허사가 되고 말 것이다. 공정무역은 혁명이되, 지배자들과 돈만 아는 체제에 도전하는 건설적 제안에 의존하는 평화적 혁명이다. 생산자들은 생산량이나 돈에만 매달리지 않고 다른 형태의 시장, 다른 종류의 경제를 요구하며 싸운다. 그들은 가치사슬에 얽힌 모든 행위자들의 존엄을 고려하는 경제를 추구하고 있다. 이러한 새로운 시장의 모든 규칙들은 바로 이 기본 원칙을 확립해야 한다. 이런 점에서 공정무역이 신자유주의 체제에 대한 근본적인 비판임과 동시에, 대안적인 경제 담론을 제공하고 있다고 생각한다.

공정한 시장이라는 생각은 농부, 소생산자, 노동자들이 제

---

* 막스 하벨라르는 19세기 네덜란드 소설에 나오는 허구적 인물이다. 소설은 네덜란드 식민주의에 매우 비판적인 시각을 담고 있다.

품을 생산할 때 투여한 시간과 땀, 노력에 대해 모두 같은 방식으로 보상하는 새로운 경제라는 아이디어에서 나왔다. 공정한 시장에서는 생산물의 품질이 높고 사회정의와 환경보호를 위한 프리미엄이 포함된 고정 가격에 제품이 팔린다. 일반적으로 백만장자들, 정치인들, 관료들은 그들이 생산한 것이 아니라 점유하고 있는 지위에 따라 급여를 받는다. 혹은 그들이 공정한 보상이라고 여기는 수준으로 돈을 받는다. 하지만 우리는 각자 기울인 노력에 합당한, 합의된 보수를 받고, 환경, 지구, 강, 대기, 바다를 소중히 하는 유기농 제품을 선호하게 만들기 위해 공정한 시장을 설계해왔다. 오스카어 라퐁텐Oskar Lafontaine이 말했듯이, "공정한 시장은 공정무역의 심장이며, 심장은 왼쪽에서 뛴다".

공정무역이 모든 사람들을 부자로 만들어주지는 못하지만, 그들이 빈곤에서 벗어나 존엄성을 가지고 살아갈 수 있게 해준다. 공정무역은 공동체 성원들뿐만 아니라 그를 둘러싼 모든 사람들을 이롭게 한다. 공정한 시장의 원칙들은 새로운 체제를 창출하기 위해 실행 가능한 대안이다. 새로운 체제에서는 모든 사람이 존재 가치를 인정받고, 의료, 교육, 소득, 일자리 혜택을 얻을 수 있어야 한다. 신자유주의 시장 모델은 배제를 양산하고, 극단적인 경쟁 속에서 오로지 강자만이 살아남는 체제이다. 바로 이것이 20여 년 전에 우리가 신자유주의 체제의 거대한 실패를 수정하는, 다른 형태의 시장을 개발하기 시작했던 이유이다.

이러한 시장의 목표는 전 지구 차원에서 의식 있고 책임 있는 소비자들과 협력하며 활동하는 사회적 기업과 연대 기업들을 양성해내는 일이다. 사회연대경제는 박탈당한 사람들에게 동정심을 가진다는 것을 의미하지 않는다. 그들의 삶의 방식과 인격을 이해하고 존중한다는 것을 의미한다. 노동자를 배제하는 탐욕스러운 경제에 직면해서, 그들은 자신들을 포용해주는 보다 형평성 있는 분배 체계를 건설했다.

이 점을 잊는다면, 우리는 자선 같은 수단을 통해서 부정적 측면을 숨기려고 시도하는 지배 체제에 의존할 수밖에 없다. 바로 이것이 연대 경제가 다른 관점을 택해야만 하는 이유다. 그리고 미래에는 훨씬 더 넓은 관점에서 문제를 제기하고 해결책을 제시해야 한다. 인류의 본질적 정수는 다차원적이란 점이다. 단지 이윤만을 지향하는 것이 아니다. 수학과 과학에 기반을 두고 있다고 믿었던 경제는 정반대 방향으로 나아갔다. 이것은 중대한 오류다.

공정무역은 연민 어린 대안을 확립하고, 가치 있는 것들이 점점 사라져가는 사회에서 위와 같은 인식을 확립하려 한다. 이는 도덕이 아닌, 인류에 대한 단순한 존중에서 나오는 것이다. 공정무역은 이 지구상에서 행복이 조금이라도 샘솟을 수 있게 하는 조건을 창출했다. 상품을 구매하고 재산을 축적하라고 부추기는 소비 사회에서 촉진되는 행복이 아니라, 진정한 행복 말이다. 이런 맥락에서 공정무역은 지배적인 자본주의 체제를 근본적으로 수정하려는 움직임이다. 사르트르가 말했듯이, 자본주의 자체가 지옥을 만든다. 그것도 저 세상이나 다음 생에서가 아니라, 바로 여기 지구에서.

공정무역은 연대와 인정, 그리고 공감의 조건들을 창출한다. 완전히 다른 세상, 즉 희망과 생존의 장소를 향해 가장 궁핍한 사람들이 어떻게 나아갈 수 있는지를 상상하고 시도하는 인류의 실험실이다. 가능한 한 희생자와 가난한 사람들, 그리고 버림받은 사람들이 생겨나지 않는 공간, 갈등이 적고 유쾌한 세상으로 나아가는 것이다. 이는 기층에서, 가난한 사람들의 상식과 정신을 조직화하는 가운데 나타난다. 가난한 사람들은 포기하지 않는다. 그들의 삶에 필수적인 것을 지켜준다. 모든 인류는 그들이 생각하는 합리성이 바뀌지 않는 한 생존하기를 원한다.

공정무역 제품을 사는 것은 당신의 지갑으로 '다른 세상'에 투표하는 것이다. 다른 세상이 가능하다는 사실을 인정하는 것이다. 공정무역은 변장한 자선이 아니며 생산자와 소비자 모두를 위해 설계되었다. 그것은 건설적인 선택이다. 다행히도, 자선 캠페인에서 나온 돈이 어디로 가는지 모르는 상황에 점점 진절머리를 내고 있는 사람들이 이제부터는 돈의 흐름을 알 수 있는 도구를 가지게 된다. 많은 사람들이 자선사업을 싫어한다. 공정무역은 공정한 세상의 건설 같은 일을 하려는 사람들에게 대안을 제공한다. 이는 가치사슬의 한쪽 끝에서 다른 쪽 끝으로 이어지는 정직함을 의미한다. 만약 소비자가 전체 공정무역 사슬의 정직함을 의심하게 된다면, 체계 자체가 허물어질 수 있다.

우리는 계속 나아간다

공정무역을 시작한 이래로 우리는 많은 것을 배웠다. 여전히 많은 것을 향상시켜야 한다. 그래도 농장 노동자들이 스스로 조직과 공동체를 만들고 자신들의 존엄성을 회복하는 역량을 갖게 되었으며, 정치적 권리와 사회적 구조를 되찾았고, 원주민들의 소득이 100퍼센트 증가한 것을 긍정적인 성과로 꼽을 수 있다. 소득이 일당 1달러에서 2달러로 올랐다. 여전히 매우 낮은 수준이지만, 이는 지금까지 그들이 손에 쥔 가장 높은 금액이다.

농장 노동자들의 공동체를 조직화함으로써 좀 더 존엄한 생존을 위한 조건들을 창출했고, 이로써 위기에 더 잘 대응하고 저항할 수 있었다. 지난 10년 동안 그들이 수행한 사회적 프로젝트와 환경 개선, 관계 당국이 닦은 도로들, 진료소 건립, 그리고 협동조합을 통해 기본적이고 필수적인 품목들을 더 싸게 구입할 수 있게 된 일은 농장 노동자들이 자본주의의 재갈에서 조금은 자유로워질 수 있었음을 의미한다. 전에는 기본 생활용품을 구하려면 하루 이틀은 걸어 나가야 했지만, 지금은 가장 가난한 사람들도 언제든 구할 수 있다. 동시에 그들은 상대적으로 높은 가격에 농산물을 팔 수 있게 되었다. 지금 우리가 경험하고 있는 극심한 위기의 시기에, 공정무역은 가장 많이 박탈당한 사람들을 위한 완충재 역할을 해준다.

우리는 조직원들이 모은 돈으로 소액대출 협동조합도 발전시켰다. 공동체 성원들 스스로 이 협동조합을 관리한다. 이것은 하늘에서 내려 준 일용할 양식이 아니다. 일반적인 기준을 들이대면 대단한 경제 발전이라 할 순 없겠지만, 그래도 우리가 이 지상에서 이룬 실질적 진보다.

기술 지식, 권리, 생산뿐만 아니라 문화, 연대, 그리고 사회적 의제가 진일보했다. 이 모든 것이 조직화된 원주민들의 노력 덕분이다. 그들 스스로 할 수 있으리라 상상도 못했던 일들을 함께 해낸 것이다. 이러한 발전에 힘입어 정치적 차원에서 소생산자들도 인정받게 되었다. 20년 전까지만 해도 원주민들은 짐승처럼 여겨졌다. 심지어 도시 근교에서도 그랬다. 오늘날, 온 세상이 이들 농장 노동자들이 무엇을 이루었고 이것이 어떤 의미가 있는지를 다 알고 있다. 그들의 생산물이 거의 모든 서양 국가들의 슈퍼마켓 선반 위에 놓여 있을 뿐만 아니라 아주 좋은 평을 받고 있다. 비참하게 살았던 이들이 자신들의 운명을 통제할 권리를 되찾고, 존엄성을 지닌 진정한 경제 행위자로 우뚝 섰다. 이러한 힘을 토대로 자신들을 조직했고, 조금씩 자신들의 역량에 자신감을 가지게 되었다. 이런 방식으로 매일매일 자신들을 둘러싼 세계에 점점 더 적응해나갔다. 이전에는 체제가 자신들의 문제를 해결해주리라 믿고 기다렸다. 공정무역은 그들에게 진정한 경제적, 문화적, 정치적 자립을 쟁취할 수단을 제공했다.

이것이 바로 멕시코 치아파스Chiapas에서 부사령관 마르코스Marcos가 시도했던 일이다. 1990년대 중반에 일어난 사파티스타Zapatista 봉기에서 그는 박차고 일어나 다음과 같이 말했다. "우리는 이 나라의 원주민이며 대대로 여기 살아온 주민들이다. 우리는 온전한 권리를 가진 시민이며, 동시에 원주민이다." 그러나 멕시코는 다른 나라들과 마찬가지로 문화 다양성이 살아 있는 사회가 아니다. 그런 이유로, 치아파스 주민들의 다양성의 가치를 인지하지 못하고 그들을 몇 안 되는 미미한 존재로 취급했다. 그럼에도 불구하고, 우리 모두는 하나의 사회를 구성하는 일부이다.

이것이 바로 '사파티스티즘'의 기본 원칙이자 요구 사항이다. 우리는 이것을 권력을 차지하려는 소수의 투쟁이 아니라, 그들이 다른 이들처럼 살고 같은 권리를 얻으려는 의지의 발현으로 봐야 한다. 우리는 그들과 관계를 맺고 있으며 방식은 다르지만 같은 투쟁을 벌이고 있다. 간디가 그랬던 것처럼 나도 비폭력에 대한 신념이 있다. 나는 무장 저항을 좋은 방식이라고 생각해본 적이 없다. 다양성의 인정이 충돌을 피하는 최선의 길이다. 그것이 없으면, 우리는 폭력에 의지하게 된다. 사회가 이런저런 다양성을 용인하지 않으면 결국 좌절을 초래한다. 예를 들어, 영국인들이 버림받은 팔레스타인 사람들에게 해를 끼치며 이스라엘을 세우게 했던 것처럼, 힘센 자가 선택을 강요하면 한쪽이 피해자가 된다. 이스라엘과 원주민들인 팔레스타인 사이에 충돌이 일어나자 영국은 손을 떼고 나가버렸다. 이처럼 합리성을 모독한 행위로 문제의 해결이 극단적으로 어려워졌다. 당사자들 중 하나가 부정으로 일관했기 때문이다. 이런 방식으로 희생양을 제물로 삼는 일Victimization of the scapegoat*이 일어난다. 이는 문제의 전체 역학에서 매우 중요한 부분이다. 가난한 사람들은 이러한 희생 메커니즘의 일부를 형성한다. 이제 그들의 요구가 지배 체제에 위협을 가하고 있다.

---

* 프랑스 철학자 르네 지라르René Girard가 폭력의 기원에 관해 발전시킨 이론.

악마는 다국적 옷을 입는다

공정무역을 시작할 때, 우리는 전통적인 대안 시장과 연합했다. 그들은 시장에서 계속 똑같은 압력을 받아온 소상점들과 소규모 커피 회사들이었다. 이것은 막강한 정보력을 가진 대기업들과 싸우려는 시도였고, 우리는 그들에 대응하는 창의적인 동반자 관계를 맺었다. 우리가 1980년대 말에 네덜란드에서 공정무역 인증을 시작했을 때, 다국적기업들의 반응을 즉각 목도했다. 그들은 자본주의체제를 굳게 믿었고, 오만하게 우리의 앞길을 막으려 하면서 마피아 같은 행태를 드러냈다. 그들은 우리와 함께 일하고 싶어 하는 소규모 커피 로스팅 업체들에게 우리와의 관계를 끊으라고 협박했다.

다행히도, 세상에는 환경을 훼손하지 않고 생산하며 부를 공유해야 한다고 생각하는 사업가들과 가족 경영 기업들이 존재한다. 인간적인 단위의 소규모 사업에 맞는 일들은 투자자들이 핵심 결정을 내리는 다국적기업에서는 할 수가 없다.

그들에게 동기부여가 되는 것은 오로지 이윤, 효율성, 권력의 무한 성장이다. 소규모 기업들은 이러한 부담을 지지 않는다. 더 대담하고, 위험을 감수하며, 어떤 경우에는 대기업들보다 더 효율적이다. 네슬러Nestle나 크래프트Kraft 같은 다국적기업들은 생산물 중 1퍼센트를 공정무역으로 내놓겠다고 했지만, 사실은 주요 사업 부문인 나머지 99퍼센트의 판매를 촉진하기 위한 제안이다. 우리를 위장막으로 사용하려고 우리를 찾는 것이다. 우리는 다른 방식의 이윤 분배를 선호한다. 우리는 이윤 자체를 반대하지는 않는다. 기업의 지분을 공유해 직원들의 공동 소유권을 수준 높게 발전시킨 사례가 많다. 이런 제도는 실제로 잘 작동하고 있다.

당연한 이야기지만, 우리는 덩치 큰 행위자들에게 계속해서 위협받는 작은 행위자들을 깊이 이해해야 한다. 거대 기업의 위협에 의해 우리가 가진 자그마한 것마저 잃을 수도 있는 상황에 직면하곤 한다. 호혜적인 동반자 관계는 오직 중소 규모의 사업 파트너와 맺을 수 있을 것이다. 대기업들은 시장 점유율, 자만, 권력에 눈이 멀어 혁신이 다른 원천에서 나올 수 있다는 사실을 상상하지 못한다. 우리는 다국적기업에 반대하는 것이 아니다. 우리는 언제나 유통업자들과 손을 잡는 협업에 열려 있다. 상대가 다국적기업이라고 할지라도 마찬가지다. 하지만 네슬러, 크래프트, 사라리Sara Lee,

프록터앤드갬블Proctor&Gamble, 드레퓌스Dreyfus, 에콤Ecom은 제외한다. 그들은 낮은 가격에 원재료를 착취해 생산자 등 뒤에서 곧바로 엄청난 이윤을 붙여 팔아먹는다. 공정무역이 커피의 최저 가격 보장제를 통해 시장을 왜곡한다고 힐난하던 네슬러 같은 업체들은 '막스 하벨라르' 공정무역 상표를 얻기 위해 모든 수단을 동원했다. 공정무역이 2~3퍼센트의 시장점유율을 달성하자마자, 이 체계 안으로 침투해 가만히 지켜보기로 했다. 그런 다음 공정무역 이념의 기초를 존중하는 마음은 전혀 없이 우리를 모방하며 자신들만의 친환경 브랜드를 만들었다. 다국적기업 입장에서 보면, 막스 하벨라르는 시장을 교란하고 가격 급등을 초래한다. 그들은 막스 하벨라르의 성공을 아예 막을 수는 없었기 때문에, 전략을 바꾸어 사실상 추가 비용 부담 없이 그들만의 증명서를 만들기로 한 것이다. 다국적기업 관점에서 소규모 공정 시장이 체제 법칙에 도전하는 것을 용납하는 일은 상상조차 할 수 없다. 소생산자들의 커피가 현재 커피 시장의 5퍼센트를 차지하는 것을 그들은 받아들일 수 없다. 이런 상황을 바꾸기 위해 악마는 변신을 해야만 했다. 내가 뻔히 아는 다국적기업들의 행태로 보아 그들의 변신은 아직도 진행 중이다. 이런 변신은 정치인들, 기업의 주주들, 그리고 경영 구조가 함께 바뀌어야 가능하다. 앞으로 지켜볼 일이다.

가난한 사람들의 소소한 철학

다행히도, 가난한 사람들, 박탈당한 기층민중이 일구어낸 가치 속에 희망이 존재한다. 남미의 농장 노동자들은 서양의 정형화된 관념, 도시와 소비 사회에 뿌리박힌 가치와는 분리된, 매우 다른 문화를 가지고 있다. 그들은 현대사회의 기준에 따라 분류될 수 없다. 어떤 면에서는 전근대성이 남아 있다. 다른 한편으로, 그들이 서구 사회를 방문하면 불편할지도 모른다. 너무나 풍족해서 오히려 편치 않은 것이다. 그들은 좀 더 인간적이고, 사람들을 보다 더 존중하며, 익명성이 덜한 시골의 전통 체제에서 더 편안함을 느낀다. 발전된 도시에서 그들은 스스로를 일종의 동물원 짐승처럼 느낀다. 그들은 "우리가 어떤 세상에 와 있는 거지?"라고 묻는다. 그리고 대개 이렇게 말한다. "다른 것은 몰라도 완전히 잘못된 세상이야!" 만약 이런 말을 들으면 특히 더 그럴 것이다. "그래도 우리는 가난한 사람들을 도와야 해. 그들에게 다른 방식의 삶이 가능하다는 사실을 알려야 해. 그들은 자연과 조화롭게 살고는 있지만, 틀림없이 매우 비참할 거야."

역설적이지만, 착취당하는 사람들이 바로 현대사회를 만들어낸 사람들이다. 생산적인 부문이 다 그렇듯 노동하는 사람들은 자기 영역에서 무언가를 만들어내 먹고산다. 그럼에도 불구하고, 현대사회는 농장 노동자들, 가난한 사람들, 버림받은 사람들을 두려워한다. 심지어 농촌 지역과 교외에 가난한 사람이 있고 게다가 빈곤이 점점 심해지고 있다는 사실을 알고 있으면서도 그렇다. 그들이 게으름뱅이라고 간주하는, 옷을 잘 못 입고, 예절도 없으며, 알아듣기 힘든 방언이나 속어가 섞인 언어를 사용하는 사람들에 대한 부정적인 편견이 존재한다.

몇 세기 동안 쌓인 현대의 부는 레몬에서 주스를 짜듯 가난한 사람들로부터 짜낸 것이다. 바로 그래서 농장 노동자들은 근대성이란 개념을 받아들이길 꺼린다. 그들이 진보라는 개념을 믿지 않는 이유는 도무지 와닿지 않기 때문이다. 그들이 생산한 농산물로 혜택을 보는 것은 항상 중간에 있는 다른 존재들이다. 예를 들어, 대규모 커피 회사나 대형 유통 사업자들 말이다. 농장 노동자들은 이것을 잘 안다. 그래서 이윤이 어디로 가는지를 묻고, 더 높은 가격에 직접 판매하는 길을 찾는다. 그들은 권력자, 도시, 선진국에게 착취당하길 원치 않는다. 그들에게는 생산 주기가 몇 번인지가 중요하다. 그리고 "무엇이 지나가는지", 즉 날씨가 중요하다. 근대성은 발전에 기여하기는커녕 그들을 영구적인 위기와 취약한 상태에 머물게 만들었다. 어려운 한 해를 보내면, 그들은 모든 것을 잃는다. 그래서 가난한 사람들은 이른바 진보에 기대하지 않는다. 농업 노동자들은 그들의 터전, 생산물, 키우는 소를 사랑한다. 그들은 자신들을 둘러싼 자연과 세계와 친밀한 관계를 맺고 있다.

그러나 사회가 도시 주민들에게 값싼 농산물을 공급하도록 조직되어 있다. 그들에게 안전하게 식량을 제공해 생산 인력이 제대로 일할 수 있도록 하기 위해서다. 우리는 보조금 체제를 끝장내고, 생산자들에게 공정한 값을 지불해야 한다. 보조금 덕분에 유럽 농부들의 소 한 마리당 수입이 멕시코나 브라질의 농업 노동자들의 두세 배나 된다! 사회적 평화를 보장하기 위해 노동자들이 가능한 한 최저 가격에 원재료를 구할 수 있는 체제가 확립되어 있다. 2차대전 이래 농부들은 무시되었으며, 더 이상 나빠질 수 없을 정도로 최악의 관계에 묶여 있었다. 하지만 식량은 시골에서 나오기 때문에, 소규모 생산자들은 도시의 생존에 필요 불가결한 존재들이다.

자신들의 차량 연료 탱크를 채우기 위해 수확물 중 일부를 남겨둬야 하는 식물 연료 생산자들도 압력을 가하고 있다. 이런 상황은 일탈로 이어지기도 한다. 2009년에 오랫동안 옥수수 수출국이던 멕시코는 미국 정부가 보조금을 주는 옥수수를 수입해야만 했다. 이런 일이 벌어진 이유는 보조금을 받는 값싼 생산물이 미국 같은 다른 나라들에 있다는 사실을 알게 되었기 때문이다. 지구적 차원에서 이것은 부조리하다. 북미자유무역협정NAFTA으로 인해 이런 부조리가 생겨났다. 지역 농부들은 새로운 정책에 맞설 수 없었다. 아무도 이런 유형의 정책이 초래할 생태적, 정치적, 사회적 결과를 가늠할 시간을 갖지 못했다. 이것이 바로 시장의 비논리성이다.

이러한 이유로 우리는 시장을 조정한다는 보이지 않는 손을 신뢰할 수 없다. 보이지 않는 손은 작동하지 않는다. 그것은 허상일 뿐이다. 수백만 명이 먹을 음식이 충분치 않고, 생산자들이 생산의 혜택을 전혀 보지 못하는데, 식량을 식물 연료로 사용하는 게 모순이 아니면 무엇인가?

3장

다른 세계는 가능하다

반대한다는 것은 제시한다는 것이다

학생운동의 경험은, 무엇보다 68혁명의 경험은 나에게 다음과 같은 사실을 가르쳐주었다. 현재의 병폐를 고치기 위한 믿을 만한 대안이나 분명한 제안이 없다면, 저항은 무의미하다. 현재의 모든 문제들에 대해서 비판만 한다고 미래가 만들어지지 않는다. 그래서 나는 멕시코에 있는 우리의 공동체를 위해 다음의 슬로건을 만들었다. "우리는 계속해서 저항하지만, 동시에 계속해서 제안한다." 주류 시장과는 다른 대안 시장이 이러한 저항과 제안 운동의 핵심이다.

항상 그렇지만 오늘날과 같은 위기의 시대에는 경제 운용을 심각하게 다시 평가해야 한다. 이는 필수적일 뿐만 아니라 매우 시급한 일이다. 우리가 던질 핵심 질문은 이렇다. "우리가 원하는 배제된 사람들의 사회적 경제는 어떤 성격을 띠는가? 그리고 어떤 사회적 경제 모델이 수백만의 가난한 사람들에게 (위협이 없어지지는 않겠지만) 생존을 보장할 뿐만 아니라, 동시에 새로운 경제를 구현할 수 있을까?" 다시 말하건대, 이 새로운 경제는 우리에게 알려지지 않았지만 이미 싹을 틔웠다. 그렇다. 가난한 사람들은 어떻게 생산하고, 생존하며, 투쟁하고, 조직할지를 안다. 그들의 지혜는 경제학자나 사회학자들의 가벼운 지혜보다 더 중요할 때가 많다. 가난한 사람들의 능력은 부자들의 능력과 같다. 다만 이들 가난한 "분재당한 사람들"—무하마드 유누스Muhammad Ynus는 이들을 이렇게 부른다—은 성장을 제한하고 있는 자기의 식이라는 작은 항아리에서 빠져나오는 데 어려움을 겪고 있을 뿐이다.

시장경제가 문제를 진정으로 해결할 역량이 없음이 증명된 순간부터 우리는 완전히 다시 생각하며 마음을 다잡았다. 우리가 발전시키고 있는 새로운 경제 패러다임은 다음 다섯 가지 전제에 기초한다. 경제가 사람에 봉사해야지 그 반대가 되면 안 된다. 발전은 물질이 아닌 사람을 기준으로 측정해야 한다. 성장과 발전은 상이한 개념으로서, 발전이 꼭 성장으로 연결되지는 않는다. 어떤 경제도 생태계가 제공하는 것 밖에서 펼쳐질 수 없다. 경제는 그보다 더 큰 생물권이라는 유한하고 닫힌 체제의 하위 집합이다. 결과적으로, 무한한 성장은 불가능하다.

그동안 전 세계가 마이크로크레딧(영세민이 자활할 수 있도록 자금과 사업 기회를 제공하기 위해 실시하는 소액 대출 사업—옮긴이)과 공정무역을 성공으로 이끈 원칙들을 알게 되었다. 그 전에는 들리지 않았던 목소리가 다른 생각을 표출할 수 있는 공간을 차지했다. 이제 그들의 목소리를 듣고 행동할 시간이다. 이 글로벌 위기에서 벗어날 수 있는 탈출구가 존재한다. 우리는 이미 그 일부를 찾았다.

나는 사회적 경제에 기초한 연대라는 고유의 성격을 가진 모델을 구축했다. 이는 체제의 중심부에서 연대를 강제하려고 시도하는 모델이 아니다. 물론 자선은 더더욱 아니다. 우리가 새로운 유형의 거래를 도입할 수 있는 영역은 주류 경제의 주변부에 있는, 주로 소농들의 분야이다. 우리는 가난한 사람들, 배제된 사람들이 기존 해결책을 그저 기다리는 것이 아니라, 스스로 해결책을 끌어낼 수 있음을 증명했다. 바로 이러한 조건에서만 세상에 의해 버림받았던 사람들이 오늘과 내일의 주체가 될 수 있다.

공정무역 이론을 이렇게 구체적으로 실현한 것은 애초의 이론 틀 자체를 훨씬 넘어선 것이다. 공정무역은 농산물 시장의 창출보다 훨씬 더 많은 것을 이루었다. 공정무역의 구현은 우리에게 "더 좋은 세상의 특사"인 양했던 서양의 소비 사회와 과학적 진보에 대한 믿음의 문제점과 일탈을 상기시킨다. 즉 정신을 박탈한 경제적 물질주의에 등을 돌리게 되는 것이다. 정신이 없는 물질주의는 사회를 개인주의적이고 분파적이며 순응주의적으로 퇴행시키고, 현재의 경제 이론과 그 진화에 기초를 둔 세상 전체에 의문을 품게 한다. 지난 20년 동안 공정무역은 신자유주의 체제에 도전하면서, 이로 인한 폐해를 줄이려고 노력했다. 공정무역은 세상을 문화적으로 인간화하려는 노력이기도 하다. 또한 이 과정에서 지구적 경제를 인간화하는 일을 시작했다.

모든 주체들의 동의에 기초한 새로운 시장이자 경제적 노예 상태를 줄일 수 있는 새로운 체제가, 시장 유토피아를 통해 수많은 사람들에게 노예성을 강요하는 현 체제를 대체해야만 한다. 새로운 체제의 핵심은 사회적인 성격을 띤다는 것이다. 바로 이러한 맥락 속에서 공정무역이 경제체제를 재구성하는 길을 제시할 수 있다. 공정무역을 통해 이 사회에서 무엇보다 인간이 중시되고 민주적이고 사회적인 발전의 중심에 서게 된다. 우리는 이와 함께 생산자들이 실행 가능한 새로운 경제적 공간을 실험하도록 거래 조건을 수정할 수 있다. 이는 소비자들도 받아들일 수 있어야 한다. 세계 경제의 위기와 혼란은 그것을 이용해 잇속을 차리는 사람들을 제외한 대부분의 사람들을 견디기 힘들게 했다. 이런 혼란에 편승하지 않은 사람들이 실행 가능하면서도 이윤과 비용 효율성이 유일한 가치가 아닌 대안 수단을 강구하면서 긴밀한 연대

를 외치고 있다. 간단히 말해 우리는 시장의 일부이고, 그러
길 원하기 때문에 시장을 전복하려고 하지 않는다. 우리는 다
른 시장을 원한다. 인간적이고, 민주적이며, 사회적인 시장
말이다. 마찬가지로 우리는 모든 다국적기업에 저항하는 게
아니다. 오직 일부 다국적기업에만 저항한다. 우리는 시장에
관련된 모든 사람에게 존엄성을 부여하고, 최소한의 민주주
의 기준을 존중하는 시장에 편입하려고 노력하는 것이다. 우
리는 희생양을 찾지 않는다. 우리는 허구가 아닌 실제 시스템
과 관련 법칙들이 진화하는 것을 보고 싶을 뿐이다.

'사회적 사업'의 목표들

색다른 정치적, 경제적, 문화적, 사회적 관점에서 보자면, 공정무역은 1980년대 초 이래로 줄곧 성공했으며 강인한 생명력을 잘 증명했다. 공정무역은 허상이 아니라 실체이며 구체적이고 실질적인 방식으로 확장되었다. 사실, 현재 100만 가구 이상이 공정무역의 혜택을 받고 있다. 서구 국가들의 원조나 기부가 아니라, 공정무역 종사자들의 결의, 지혜, 창의성이 수천 명의 삶을 향상시켜왔다. 가난한 사람들은 창피해할 필요도 없고, 반대 극단에서 사회적 반란을 일으킬 필요도 없다. 세계적 무질서는 실제로 해결될 수 있다.

사람들의 관계를 더 잘 조직하면 우리가 살고 있는 세계에 대한 새로운 인식을 얻을 수 있다는 사실을 공정무역이 증명했다. 자신들의 미래를 되찾은 세계의 시민들 모두가 살아 있는 증거이다. 마지막으로, 공정무역 공동체들은 사회적 비용, 생산자, 환경, 생산물의 비용을 서로 연관 지을 수 있게 해주었다. 시장이 사람과 환경에 봉사해야지 그 반대가 되어 서는 안 된다. 바로 이 때문에 우리는 소비자들 속에서 동맹 을 찾아 나섰다.

우리가 이러한 제3의 길을 채택하고, 단지 병의 증상이 아 닌 근원을 치료한다면, 장기적으로 지금의 위기와 우리를 힘 들게 해온 제반 환경에서 벗어날 수 있을 것이다. 이것은 유 토피아를 추구하는 움직임이 아니라, 자본주의 체제를 안에 서 전환하려고 모색하는 현실적이고 지속 가능한 대안이다. 이를 통해 세계는—더욱더 인간적이고 공정한—더 나은 터 전이 될 수 있다.

공정무역 시장은 더 이상 자본주의의 필연적 진화의 결과 물이 아니다. 그보다, 긴급히 제시된 해결책으로 보아야 한 다. 공정무역은 혁명적인 진화 또는 탈脫자본주의로 묘사할 수 있다. 이는 기존 원칙을 바꾸어놓는다. 이제는 사회적 비 용, 환경 비용, 생산 비용, 노동력 재생산 비용이 모두 상품과 서비스 가격의 일부로 구성되어야만 한다. 이런 방법은 국제 체제의 완성에 기초를 둔다. 이를 달성하려면 가능한 한 많 은 사람들이 참여할 수 있도록 시장이 활짝 열려야 한다.

대안적 흐름

공정무역이 발전해가는 동안 여러 반反세계화 운동이 부상했다. 이들은 서로 연계를 맺고 소통할 수 있다. 자본주의 체제에 대한 분노와 빈곤의 심화 때문에, 사람들은 이 체제의 혼란을 점점 더 많이 인식하게 되었다. 우리의 행성과 주민들에게 영향을 미치는 재난을 경험하며 많은 사람들이 조직이나 단체에 가입하고 있다. 그들은 혼자서는 행동할 수 없음을 잘 알고 있다. 현재 일어나고 있는 재난과 전쟁이 사람들을 움직여, 마침내 그들이 이 세상에서 더 기대할 것이 없음을, 지금 벌어지는 모든 일을 더 이상 지켜보기만 해서는 안 된다는 사실을 깨닫게 되었다. 각국 정부가 거부하는 모든 일을 우리의 연합회들, 반세계화 운동 조직, 책임감 있는 사업체들이 인류를 위해 해내고 있다. 말하자면, 집단성이 해결책을 제공하고 있다.

이런 관점에서 볼 때, 1980년대 이후는 대실패를 경험한 시기였고, 1990년대 들어서 엄청난 전환을 경험했다고 말할 수 있다. 이와 관련해, 시애틀 봉기는 국제적인 의식의 형성이라는 면에서 제네바에서 일어난 일과 함께 중요한 사건이었다. 매번 모일 때마다 점점 더 많은 사람들이 세계의 불균형에 분노하고 고통에 저항했다. 문제를 해결하리라 기대했던 IMF와 WTO 같은 전체주의적 기관들은 사실 문제의 온상이었다. 개인적으로 나의 의식은 베트남전쟁 동안에 깨어났다. 나는 베트남전쟁이 부조리하다고 느꼈고 여러 의문을 품었다. 1990년대 초 이라크전쟁 이래로 미국의 아프가니스탄 침공, 그리고 아부그라이브 교도소 포로 학대 사건에 이르기까지 일련의 사건들이 모두 동일한 역할을 했다. 갑자기 청년들과 이들보다 나이가 더 많은 기성 세대들이 이 모든 일에 반대하며 저항에 나섰다. 이 저항은 다양한 흐름을 낳았고 결국 지난 역사가 보여주듯 용기 있는 행동을 끌어냈다. 하나의 조직화된 운동으로서 공정무역의 출현은 환경, 인권을 비롯한 다양한 운동이 존재하며, 이런 운동이 더욱더 강화될 수 있다는 믿음을 심어주었다. 또한 이 흐름에는 공정무역에 관심이 높아진 대학생들도 점점 더 많이 동참했다. 볼로냐 대학에서 루뱅 대학, 토론토 대학에 이르기까지 공정무역에 관한 양질의 학술서적들이 많이 나왔다. 단과대학 전체가 공정무역만을 연구하는 곳도 있다. 이런 연구는 일종의 선전이나 홍보가 아니다. 독립 연구자들이 자발적으로 나섰기 때문이다. 학계는 공정무역의 증진과 감시에 요긴한 강력한 힘을 제공한다.

　무엇보다 엘리트들과 기존 권력자들이 도둑질한 민주주의를 회복하기 위한 운동들이 풀뿌리 차원에서 일어났다는 사실이 중요하다. 이는 새로운 비옥한 플랫폼을 창출해냈는데, 시간이 지나면서 이 플랫폼은 연대 운동을 더욱더 강화했다. 그러자 권력을 지키려 안달하는 금권정치 세력이 비판적 목소리를 억압하려 들었다.

　이러한 운동에 환경을 비롯한 각종 문제에 대응하는 폭넓은 운동이 가세했다. 여러 사람이 있지만 그중 앨 고어, 마이클 무어Michael Moore, 얀 아르튀스-베르트랑Yann Arthus-Bertrand, 니콜라 윌로Nicolas Hulot 같은 대변자들은 세계를 변화시키고 원칙 자체를 바꾸자고 주장했다. 이는 좋은 움직임이었다. 하지만 그린피스와 고어 사이에는 여러 연합체들이 존재했는데, 그들이 설정한 목표들이 항상 일치하는 것은 아니었다. 그럼에도 불구하고 그들은 더욱더 세심한 해결책들을 제안해왔다. 그리고 자본주의가 일으킨 피해를 경고만 하는 허수아비 역할에서 벗어나기 시작했다. 진정한 변화와 해결책을 찾아 행동하기 위해서다.

　이런 이유로 우리는 시민의 선의를 실제 행동으로 이끌어야 한다. 나는 소비자이자 공정무역 주체인 우리 개개인이 자기 자리에서 나름의 역할을 수행해야만 한다고 믿는다. 더불어 환경운동이든 사회운동이든 여러 운동과 공정무역에 대한 지지를 결합해야 한다. 우리 모두는 참여 주체이자 소비자이고 생산자이다. 그러므로 그린피스, 국제유기농운동연맹IFOAM, 세계자연보호기금WWF, 공정무역, 그리고 세상에 존재하는 많은 협동조합들이 서로 연계해야 한다. 이를 통해 우리의 메시지가 만방에 퍼지도록 해야 한다. 우리는 자연스럽게 손을 잡을 수밖에 없다. 다만 이런 과정이 느리게 진행될 뿐이다.

예를 들어, 유누스는 방글라데시를 비롯한 세계 곳곳에서 경이로운 일을 해냈다. 그라민 은행Grameen Bank과 그라민 전화Grameen Telephone는 여러 나라에서 많은 사람에게 도움을 주었다. 이 모델은 한 가지 사례이다. 그렇지만 나는 유누스가 "사회적 자본주의"를 종착지로 설정하는 관점에는 동의하지 않는다. 그것은 달콤한 꿈이며, 유토피아일 뿐이다. 자본주의와 사회주의는 대립한다. 사회적 자본주의는 모순어법이다. 마이크로크레딧은 시골이나 교외에서는 매우 긴요하지만, 사실 유누스가 창설하기 이전에도 존재했다. 마이크로크레딧은 공정무역과 불가분의 관계이며, 서로 연결되어 있다. 공정무역 덕분에 비참한 생활에서 빠져나온 사람들은 이제 어떤 일을 할까 생각한다. 우리는 농장 노동자들이 커피 생산에서 나오는 이윤을 소규모 협동조합 은행에 투자하는 것을 권장한다. 그들은 자본을 가지게 되고, 공동체 성원들에게 대출을 할 수 있다. 이것을 "희망의 은행"이라고 불렀는데, 현재 잘 기능하고 있다. 우리는 사전에 결정된 2퍼센트의 이자율만 부과한다. 그럼에도 불구하고, 유누스가 이런 개념을 발전시켰다는 사실은 중요하다. 그는 매우 소수만이 대형 은행에서 대출을 받을 수 있는 가장 가난한 나라들 중 하나에서 상당한 성과를 냈다. 큰 은행들은 소액 대출에 별 흥미가 없다. 무엇보다 지원자들 중 대부분은 10만 유로가 필요한 사람들이 아니다. 작은 가게를 열거나 무언가를 시작하는 데 필요한 적은 금액을 원한다. 여하튼 해외 자금, 그것도 대부분 서구의 자금에 의존하는 유누스 모델은 한계가 있다. 은행이 성장하면서 자금의 분배에 관한 통제권, 투명성, 책임성에 관한 문제가 나타났다. 그리고 은행이 봉사하는 공동체와 맺었던 강력한 연계가 끊어지는 문제도 생겼다.

갖은 장애에도 불구하고 우리는 인간성, 행복, 인간적 조건을 중시하는 모든 사람과 함께 일해야 한다. 선의를 품고 일하는 노동 조직과 환경 단체에도 생태적 엘리트주의에 대해 경고해야 하며, 전 세계 모든 조직이 한데 모이게 해야 한다. 급진주의자들은 어떤 것도 홀로 달성하지 못했다. 의견이 다를지라도 우리는 모든 이들이 함께 모일 수 있도록 노력해야만 한다. 먼저, 무엇이 우리를 단결하게 하는지 지켜보자. 그 다음에 우리를 분열하게 하는 것은 무엇인지 살펴보자!

더욱더 사회화된 인터넷

새로운 기술로 10년 전만 해도 불가능했던 거래를 할 수 있게 되었다. 인터넷과 휴대전화 덕분에 정보가 자동적으로 순환한다. 이란에서 있었던 일들은 매우 좋은 사례이다. 반세계화 활동가들은 새로운 커뮤니케이션 미디어를 어떻게 정부와 다국적기업들에 압력을 가하는 수단으로 전환할 수 있는지 완벽하게 알고 있었다. 이 활동가들이 시민들을 "아무것도 아닌 존재로 여기거나 거의 무시하는" 주류 공영 미디어 채널에 맞섰다. 폭넓은 기반에 근거한 친환경-사회적 인터넷 플랫폼은 아직 존재하지 않는다. 자유로운 표현, 민주주의, 건설적인 실천을 권장하는 광범위한 공간을 창출하는 통일된 플랫폼에서 모든 세력이 연대해 대안을 제시함으로써 일보 전진해야 한다.

새로운 기술의 여파는 선진국보다 개도국에서 더 큰 효과를 보인다. 개도국의 통신 기반시설이 취약하기 때문이다.

다양한 연구가 이를 증명한다. 예를 들어, 디지털 기술이 부상하면서 개도국 농업 시장이 더 효율적으로 변신했다. 이전에 고립되었던 농장 노동자들은 이제 가격 변동을 알아낼 수 있고, 구매자들을 찾을 수 있으며, 거래비용을 낮추고, 생산물을 더 높은 가격으로 팔 수 있게 되었다. 예를 들어, 인도 남서쪽에 위치한 케랄라주에서 휴대전화를 사용할 수 있게 되면서 어부들의 소득이 8퍼센트 증가했다. 이런 방식으로, 그들은 다른 시장에서 자신들의 생산물 가격이 어떻게 변동하는지 명확히 알 수 있었다. 마디아프라데시주의 경우에는 농업 노동자들의 소득이 33퍼센트 증가했다. 기술 덕택에 원격 학습을 비롯한 교육을 받을 수 있게 되면서 기상 지식, 교육, 정보, 직접 판매 및 구매와 함께 농장 노동자들의 경험이 더욱더 소중해졌다. 가장 불이익을 많이 받는 사람들 사이에서 인터넷 사용은 이제 생존의 조건이 되었다. 이것은 새로운 기술이 박탈당한 사람들에게도 많은 기여를 할 수 있음을 증명한다. 아이티Haiti처럼─900만 명의 아이티 국민 중 300만 명 이상이 지난번 지진 때 휴대폰을 가지고 있었다─휴대전화를 손쉽게 구입할 수 있다고 해서 꼭 인터넷 접근성이 좋은 것은 아니다.

가난한 사람들이 쉽게 컴퓨터를 구입하고 사용할 수 있게 가르쳐야 한다. 이는 그들의 해방을 위한 필수 요소이다. 남부 아이티의 경우처럼 농촌 지역에서 초고속인터넷은 공정무역 덕분에 설치되었다. 그렇지만 우리는 세계의 가장 가난한 지역에서 새로운 기술 확산을 촉진하는 지속 가능한 개발 모델을 찾아내야만 한다. 아이러니하게도, 새로운 전자기기 부품에 사용되는 물질들이 이러한 나라들에서 생산된다.

보기 위해서는 믿어야 한다

자본주의는 추종자들이 프랜시스 후쿠야마Francis Fukuyama[*]
같은 방식으로 체제에 품고 있는 맹목적 신념에 기대고 있
다. 반대로, 더욱더 공정하고 공평한 사회를 만들기 위해 자
본주의 원칙을 바꿀 수 있다고 믿어야 한다. 이것은 우리의
의무이다. 특히, 위기를 계기로 이 세계가 얼마나 형편없이
움직이는지 많은 사람들이 깨닫게 되어 사회를 움직이는 새
로운 방식이 빛을 보게 되었다.

그렇지만 나는 단일한 모델만이 존재한다고 생각지 않는
다. 또한 단일함의 위험을 경계한다. 우리는 여기에 지속적
으로 질문을 던져야 한다. 각국의 상이한 전통과 문화가 국
민들로 하여금 각자의 길을 찾게 만든다. 이 길은 수출해야
할 상품이 아니다. 전통과 문화가 다르기에 세계 여러 나라

[*] 《역사의 종말》이라는 저서로 잘 알려진 미국의 정치학자.

사람들은 각자의 길을 찾는다. 이런 방식들은 우월하거나 열등하지 않으며 강요할 수 없다. 볼리비아에서 2005년에 에보 모랄레스Evo Morales가 대통령 선거에 나섰을 때 우리는 다른 세상은 가능하다는 사실을 확인했다. 모랄레스는 원주민 농장 노동자로서 농촌 조직과 MAS(사회주의로 나아가는 운동 Movement to Socialism)의 지도자였다. 그러나 남미에서 가장 가난한 나라 중 하나이며 국민 다수가 원주민인 볼리비아에서 벌어진 일이 다른 나라에서 똑같이 일어나진 않을 것이다. 다른 한편으로, 그들의 운동은 좋은 사례를 제공할 수 있고, 어디서든 각자의 방식으로 운동을 펼칠 수 있다는 사실을 증명한다.

역사적으로 볼리비아에서는 법률이 농장 노동자들이나 가난한 사람들의 이해는 전혀 고려하지 않았다. 국가는 모든 자연자원과 광물자원을 다국적기업에게 갖다 바쳤다. 이를 통해 얻은 이윤은 국민들에게 분배된 적이 없었다. 모랄레스의 지원을 받은 농업 노동자들은 비폭력 대응을 해왔고, 체제를 변화시키기 위해 선거라는 수단을 통해 국가를 장악했다. 모랄레스는 급진주의자가 아니다. 그는 이란이나 짐바브웨에서 다국적기업을 걷어 차버린 것과 같은 폭력적인 방식으로 모든 것을 국유화하지 않았다. 대신 가장 가난한 볼리비아 사람들에게 혜택을 주기 위해 협상을 통해 석유와 가

스에서 나오는 수익 중 상당한 금액을 회수했다. 이런 일들은 충돌이나 살상 행위 없이 상대적으로 평화롭게 실행되었다. 모랄레스는 하향식이 아닌 민주적인 접근 방식을 택했다. 2006년에 그는 자기 이름을 걸고 시행하길 원했던 정책을 국민들에게 승인받기 위해 국민투표를 조직했다. 볼리비아에서 5년쯤 전에 일어났으며 계속 발전하고 있는 일은 조용한 혁명의 전형이다. 나는 이것이 오랫동안 진행된 과정의 결과라고 믿는다.

모랄레스는 민주주의를 향상시키기 위해서 제헌의회를 열어 헌법을 개정함으로써 민중의 지지를 끌어내고 변화를 도모했다. 동시에 국가의 생존에 필수적인 일부 자산과 지하자원 개발권을 국유화했다. 보다 더 공정하고 공평한 정책들을 도입함으로써 모든 볼리비아인이 혜택을 보았다. 그의 대통령 재임 동안, 네 번째 권력기구가 도입되었다. 민주주의의 실행과 국가의 입법, 사법, 행정이라는 3대 권력기구를 감시하는 기구다. 독재에 익숙한 나라에서, 이것은 진정한 민주주의를 향한 거대한 진일보이다. 또한 모랄레스는 생태 환경에도 관심이 많다.

이와 병행해서 모랄레스는 베네수엘라의 우고 차베스Hugo Chavez와 손을 잡았다. 차베스는 바깥세상에서 만들어진 이미지와는 달리 모랄레스 대통령과 매우 비슷한 모델을 실행

했다. 차베스 역시 헌법을 바꾸었는데, 일부 자원을 판매해 얻은 수익을 사회 발전에 투자했고, 농업 노동자들에게 땅을 돌려주었으며, 일부 산업을 노동자들이 운영할 수 있게 바꾸었다. 그가 북미 일부 권력자들의 이익에 도전했기 때문에 미디어는 그를 위험한 혁명가처럼 묘사한 것이다. 항상 나오는 상투적 표현이 있다. 어떤 사람이 자신의 개를 죽이고 싶으면, 개가 광견병에 걸렸다고 말한다. *

너무나 폭력적인 극단적 자본주의 사회에 맞서기 위해 비폭력에 의지하는 것은 좋은 전략으로 여겨진다. 다수 대중을 설득해 동원하는 쪽이 정치적으로 훨씬 더 효율적이고, 유혈 진압의 위험을 감수하는 것보다 도덕적으로 더 강력하다. 이게 바로 간디와 인도 독립 운동의 전통이다. 만델라는 그의 회고록에서 아프리카민족회의ANC, Africa National Congress 활동 초기에는 폭력을 선호했다고 설명한다. 그러나 27년을 감옥에서 보낸 후에 그게 좋은 해결책이 아니라는 사실을 깨달았다. 마찬가지로 우리는 많은 사람이 우려했던 바와 달리 남아프리카공화국의 흑인 차별 체제의 극복과 전환이 폭력 없이 민주적인 방식으로 진행되었음을 목도했다.

---

* 볼리비아의 에보 모랄레스는 2019년 대통령직에서 물러나 현재 망명 생활을 하고 있으며 베네수엘라의 우고 차베스는 2013년 사망했다.

국내총행복

우리는 세상을 다시 생각해야만 한다. 새로운 경제체제의 기초를 건설하고, 도외시되었던 인간성 전체를 두루 고려하는 주요한 지표들에 새로운 형식을 부여해야 한다. 부의 창출 개념을 더 폭넓은 개념으로 대체할 수 있을까? 예를 들어, 히말라야의 조그만 왕국인 부탄은 자신들의 헌법에 국민총행복GNH, Gross National Happiness 조항을 넣었다. 이는 모든 나라에서 사용하는 국민총생산GNP, Gross National Product을 대체해서 시민들의 부를 측정하는 지표이다. GNP가 순수한 회계 개념에 기반한 합리적 수치라면, 행복을 찾는다는 건 다른 이야기다. 행복을 성장이나 경제 발전을 표현하는 숫자로 환원하고 싶어 하지 않는 부탄 사람들은 환경 보존, 지역 문화 보호, 책임성 있는 관리 등을 토대로 행복 지수를 매긴다. GNH 덕분에 부탄은 자신들의 영토 내에서 담배 판매를 금지하게 되었다. 담배가 초래하는 엄청난 사회적 비용 때문이다. 번영이라는 개념을 재정립하는 이러한 흥미로운 생각은 조금씩 인기를 얻어 국제적으로 널리 확산되었다. 우리는 이 생각을 더 발전시켜야 한다. 2005년에 나는 부탄 왕도 참여하는 캐나다의 국제 행사에 참석했다. 분명 공정무역의 경험이 이와 같은 방향으로 나아가게 했다. 전일적인 방식으로 인간 발전을 측정하려면 경제성장과 지속 가능한 발전에 똑같은 중요성을 부여해야만 할 것이다. 그러기 위해서는 단기간에 경제적 이득을 얻기 위해 자원을 과도하게 채굴하는 행위를 포기할 필요가 있다. 예를 들어, 보다 더 오래가고 공정한 성장 방식을 찾아 나서야 한다. 공정무역에서처럼 GNH의 개념은 인간을 중심에 두고 문제를 파악하는 것을 의미한다.

민중이 세계를 규제해야 한다

유엔기후변화회의가 완전히 실패하게 된 주요 원인은 더욱 더 인간적인 접근 방식을 채택하려는 의지가 없었기 때문이다. 유엔은 보다 지속 가능하고 공정한 성장 방식을 제출하고 실행해야 할 국제 조직인데, 다국적기업들은 이것을 원치 않았다. 유엔이 선진국이 원치 않는 결정을 내리면, 그들은 분담금 납부를 거부한다. 그들은 유엔이라는 조직의 성장을 원치 않으며, 유엔이 권력이나 자금을 가지는 것도 원하지 않는다. 유엔은 설립 초기에 전쟁이나 충돌을 방지하는 역량을 발휘하리라 기대되었다. 하지만 강대국들은 유엔이 갖추어야 할 정치적 힘을 부여하지 않았다. 바로 이것이 유엔의 가장 큰 문제이다. 유엔은 모든 나라가 평등하다고 간주해야 하는 유일한 국제기관이다. 하지만 유엔은 실행 가능한 해결책을 강제할 힘이 없이 숙의하는 기관, 즉 합의를 추구하는 기관으로 축소되었다.

환경문제는 다층적인 의미가 있다. 활동가들은 두 갈래로 나뉜다. 하나는 전면적 생태계 보호론자들이다. 이들은 아직 인간의 손길이 닿지 않은 장소에 출입을 금지하는 방식으로 관리해야 한다고 믿는다. 다른 하나는 사회생태학자들로서 인간이 어떻게 자연과 합리적으로 함께 살 수 있을지를 묻는 더욱 책임성 있는 운동을 벌인다. 후자는 기후변화의 원인이 자연자원의 착취와 명확히 연관되어 있다고 분석한다. 그들은 식량 안보를 우려하고, 서구 발전 모델에 의문을 제기한다. 그들은 세계사회포럼에서 많은 영향력을 행사한다.

나는 코펜하겐 거리에서 일어난 일에서 좌절을 맛보았다. 사람들은 경제 모델을 근본적으로 바꾸어야 한다는 점을 매우 조리 있게 주장했고, 더불어 시장과 신자유주의에 문제를 제기했다. 세계의 시민들이 정부에 매우 건설적인 제안을 했지만, 정부 관료들은 듣지 않는다. 무엇보다도 시급히 해결책을 제시해야 할 사안인데도 정부는 결정을 내릴 능력이 없는 것처럼 보인다.

대중 조직들은 더욱더 구체적인 제안을 제시할 수 있는 역량을 갖추어야 한다. 다시 말해, 시민사회가 대규모 정상회의의 합의 과정에 참여해야만 한다. 정상회의가 꼭 최고위 정치인들의 회의일 필요는 없다. 사회활동가들이 코펜하겐에서처럼 멕시코를 비롯한 여러 곳에서 우리 미래를 결정할 회담에 참여해야만 한다. 무엇보다 공정무역이나 유기농같이 현재의 모델에서 탈피할 수 있는 경험들과 방법들을 제시해야 한다. 건설적인 경험을 한 이들은 무척 많다. 비록 이들이 체제의 변두리에 있는 존재긴 하지만, 왜 이 체제는 이들을 인정할 수 없을까? 그들은 체제에 기여할 수 있다. 정부는 때로 충돌하는 이해관계를 대변하는 이들을 진지하게 받아들여야 한다.

인간과 자연이 함께 사는 방법을 배워야만 한다. 하나의 계곡을 산업화하면 숲에서 멀리 떨어진 수백 킬로미터의 땅에 영향을 미친다. 그런데 전면적 생태계 보호론자들은 일대의 땅을 잘 아는 삼림 지대 주민들이 생물다양성을 유지 보존할 수 있다는 사실을 고려하지 않는 급진주의자들이다. 땅은 그들의 것이고, 따라서 그들이 보호한다. 이런 지역에서 인구를 없애는 것은 실책이다. 야생 상태의 자연에서는 사자와 코끼리가 함께 잘 살아간다. 나는 인간과 자연이 공존할 수 있다고 생각한다. 인류는 자신들이 사는 지역에서 좋은 관리자이며, 균형을 유지할 수 있다. 인간도 동물만큼의 권리를 가지고 있다. 양쪽 다 권리를 가지고 있으며 어느 한쪽이 다른 한쪽보다 더 많은 권리를 가진 것은 아니다. 우리는 여기 멕시코 사람들이 말하듯이 우리의 대자연을 존경하되 균형점을 찾아야만 한다. 우리는 "고결한 야만인"이라는 신화를 말하고 있는 게 아니다. 낭만적 수사를 늘어놓자는 게 아니라 평화로운 공존의 모델, 존경과 호혜의 모델을 찾아보자는 것이다.

이와 함께, 오염을 줄일 방법을 알아내기 위해 깊이 숙고해야 한다. 우리 모두는 숨 쉴 권리가 있다. 상하이에서 뉴욕에 이르기까지 세계 곳곳에서 늘어나는 차량 대수와 교통 병목 현상 때문에 견딜 수 없이 숨이 막힌다. 우리는 한편으로 극지방의 만년설 보호를 외치면서, 다른 한편으로 아무런 규제 없이 거대 도시들을 오염시키고 과밀 개발해서는 안 된다. 국가는 환경을 오염시키지 않는 (지하철과 버스 같은) 대중교통 수단을 만들어 차량 증가를 억제하면서 전기 자동차 생산을 늘려야 한다.

이런 일이 이루어지려면, 기층민중이 주도하여 세계를 규제해야 한다. 이러한 조직화 움직임이 약해져서는 안 된다. 생태 포럼과 사회 포럼에서 대중들의 의견이 더 많이 표현되고 조직되면, 정부도 더 많이 관심을 기울일 것이다. 이런 과정은 수십 년 걸릴 테지만, 유일한 해결책이다. 여러 제안들, 현실적 담론들과 더불어 정밀한 해결책들을 예시하고, 제안하며, 구체적으로 만들어나가자. 이외에 다른 해결책은 보이지 않는다.

초기에 이러한 운동에는 우익과 좌익 극단주의가 공존했

다. 마오주의(마오쩌둥의 혁명 이론—옮긴이)와 파시즘이다. 지금은 더 넓은 공감대가 존재한다. 특히 사회적 차원과 윤리적 차원에서 그렇다. 하지만 국제적인 차원에서 생태 운동의 전망을 강제할 수 있을 만큼 강력한 통일된 운동이 존재하진 않는다. 교토·몬트리올·코펜하겐 의정서가 체결된 이래로 15년이 흘렀다. 교육을 하고 메시지를 전달했지만 아직 충분치는 않다. 아이들이 환경에 대해 알게 되고 부모들에게 설명할 수는 있다. 그렇지만 메시지가 진정으로 확산되고 행동이 진짜로 변화하는 데는 한 세대가 걸릴 것이다.

나는 다른 세계를 꿈꾸었다

사회적 경제는 존재한다. 나는 그것을 찾았다. 이제 사회적 경제를 공식적으로 인정해야 한다. 그리고 더 광범위한 대중들이 이를 주류 경제에 도전하는 대안으로 인식해야 한다. 그렇다. 민중들이 더욱더 강하게 연대하는 세상을 만들 수 있다. 우리의 행성 지구와 인류 전체를 소중히 여기는 공공선의 윤리가 지탱해주는 세상 말이다. 누구도 인류 공동의 소유물을 독점할 권리가 없다. 자연자원을 긴 안목에서 책임감 있게 사용해야 한다는 뜻이다. 또한 더욱 합리적으로 자연을 개발하고, 인간과 그들이 거주하는 세계의 운명을 더 긴밀히 연관 지어야 한다. 이는 사회적 경제를 풍부하게 경험하는 가운데 성공적으로 실행되는 일들이다. 특히 공정무역의 틀 안에서 잘 이루어지고 있다. 이들은 유기농의 원칙과 더욱더 공정한 분배의 원칙에 따라 이런 일들을 발전시켜 왔다.

사회적 경제와 연대의 경제를 이끄는 이념에는 경제의 올바른 사회적 위치를 찾아주는 역할이 포함되어 있다. 지금까지 경제는 인류의 선택지를 좌우하고 모든 것을 지배했다. 이제 인류가 인간성을 되찾고, 자연에게 신성함을 돌려줄 시간이다. 인간은 지갑에 넣고 다니거나 적금 통장에 넣어둘 수 있는 몇 푼의 돈보다 훨씬 더 가치 있는 존재이다.

세상에는 하나의 진리만 존재하는 것이 아니다. 더 나은 세상을 만드는 데는 여러 길이 존재한다. 우리는 모든 경로, 모든 진로를 시험하고 무엇이든 무시해선 안 된다. 자본주의는 이 체제와 관련해서는 완고하기 짝이 없는 괴물로서, 어떤 종류의 수정이나 비판도 허용하지 않는다. 신자유주의가 부상하면서 우리는 문제를 바로잡지 못했고 심지어 각종 폐해를 지적할 수도 없었다. 오로지 하나의 길만 있으니, 바로 시장의 길이다. 우리는 다국적기업들이 갑자기 찾아낸 "사회적·환경적 책임성"이라는 그릇된 변명을 믿어서는 안 된다. 그것은 세상의 눈을 가리려고 씌운 가리개에 불과하다. 이런 방식으로 거대 기업들은 자신들이 새로운 길을 가고 있다며 우리를 설득하려 한다. 그들은 진지한 변화 없이 순결한 이미지를 만들고 있을 뿐이다. 지금까지 자신들이 벌인 일들과 미래에 벌일 일들에 대한 모든 사회적 책임을 스스로 면제해주고 있는 것이다.

현실에서―공정무역, 환경, 사회, 정치학, 경제학, 마이크로크레딧 등―모든 것은 연결되어 있다. 이 사실을 부정하면 삶과 인간성의 본질 자체를 부정하는 것이다. 모든 공정무역 주체들에게 환경은 기본적으로 고려해야 할 사실이다. 우리는 20여 년 전에 이미 이런 사실을 직감했다. 주로 소생산자들인 여러 동료들과 함께 이런 생각을 했는데 이제 그들이 하나의 시장을 만들고 있다. 우리는 농장 노동자들에게 공정한 임금을 보장하지만 장기적으로 환경을 악화시키는 제품은 결코 생산하지 않는다. 노동자들에게 부당한 대우를 하지도 않는다.

공정한 무역을 발전시킴으로써 우리는 사회적 불평등뿐만 아니라 지구의 생존 문제에도 대처했다. 모든 것은 연결되어 있다. 지구와 인간을 오염시킨 것은 야만적 자본주의다. 우리는 우리에게 영향을 끼치고 있는 일부 병폐를 해결할 방안을 제시하고 있다. 이는 미래 세대의 부담을 줄여주는 일이기도 하다. 기층민중이 이러한 운동을 이끈다. 비록 충분하지는 않지만 이 역시 진보임이 분명하다. 이것은 바로 가난한 농장 노동자들의 운동이었다. 극단적 자유주의가 강제했던 모델은 소생산자를 위한 것이 아니었기에 이들은 제반 조건과 환경을 바꾸기 위해 조직을 결성했다. 이와 함께, 우리는 생각이 같은 소비자들과 접촉함으로써 새로운 시장을 창출했다.

정부들은 자신들의 정책을 자진해서 바꾸려 하지 않는다. 우리가 나서서 정책을 바꾸게 만들어야 한다. 내가 경험한 바 이는 분명한 사실이다. 길을 일러주고 실제 사례를 보여주며 인도해야 한다. 10만 명이 거리에서 무엇인가를 요구하는 행위는, 고립된 개인이 요구하는 것보다 훨씬 더 중요하다. 소비자들은 '막스 하벨라르' 상표를 단 제품이 성공함으로써 전 세계에 증명했던 것처럼 자신들의 요구를 받아들이게 할 수 있다.

나는 민중들이 정부와 기업에 제안하고, 논의하며, 계속해서 압력을 넣는 운동이 필요하다고 믿는다. 생산자와 소비자가, 시장의 횡포에 화가 난 사람들이 그렇게 해야 한다. 물론 잘 조직화된 방식으로 수행하면 더 좋다. 바로 이것이 우리가 잊지 말고 고려해야 할 사항이다. 경제가 지구의 모든 거주자들을 이롭게 하는 올바른 방향을 취하면, 시장은 물론이고 모든 사람에게 혜택이 돌아가는 공익이 자연스레 따라올 것이다.

'저스트어스!' 소농장센터

"지구가 직면한 문제들이 점점 더 복잡해지지만, 해결책은 당혹스럽게도 단순한 채로 남아 있다."

• 빌 몰리슨Bill Mollison

'저스트어스!Just Us!' 커피 로스터 협동조합은 10년 넘게 글로벌 공정무역 운동을 지지해왔다. 공정무역은 매우 빨리 발전했으며, 토지 주권, 생태적 농업, 공동체 발전 같은 기초가 되는 일부 개념에서 멀리 진화해왔다. 공동 설립자 제프 무어Jeff Moore와 데브라 무어Debra Moore는 최근 저스트어스!는 항상 공정무역보다 더 높은 것을 추구했다고 강조했다. 사실 저스트어스!는 식량과 전 세계 개도국 농부들에게 초점을 맞춘 협동조합이다. 이 단체가 생산물의 품질을 높이려고 농부들과 공조했든, 유기농 증명서로 그들을 도와주었든, 혹은 협동조합 시장을 형성하는 것을 도와주었든, 저스트어스!는

"농부들의 목소리를 듣고 그들과 협력한" 조직이라고 할 수 있다. 지역적으로 그리고 지구적으로, 소규모 자작농들이 식량 주권, 식량 안보, 토지, 그리고 물의 이용과 기후 변화 문제에 대한 가장 유망한 해결책을 가지고 있다고 생각하면서 저스트어스!는 소농장센터를 시작했다. 그리고 유기농 전문가 아브 싱Av Singh 박사를 초빙해 지속가능성 부문 의장을 맡겼다.

캐나다 노바스코샤 그랑프레에 기반을 둔 저스트어스! 소농장센터는 공정한 식량 체계가 지역과 글로벌 차원에서 공히 만들어질 수 있다고 믿는다. 그리고 소농들의 지구적 연대와 연계가 선행되어야 한다고 생각한다. 이러한 목적을 세운 센터는 상주 농부들을 고용해 저스트푸드!팜The Just Food! Farm이라는 시범 농장을 운영하면서, 농부들을 위한 '만남의 장소' 역할을 했다. 이 농장은 농부들 사이에서 혁신을 강조하고 전통적인 지식 체계를 높이 평가함으로써 회복력 있는 농업을 위한 지혜를 찾으려 한다. 또 미크맥The Mi'kmaq, 아카디안The Acadians, 플랜터The Planters, 로열리스트the United Empire Loyalists(미크맥은 캐나다의 원주민이며 아카디안, 플랜터, 로열리스트는 각각 프랑스, 영국, 미국에서 캐나다로 와 자리 잡은 초기 정착민들의 후손이다―옮긴이)가 기여한 바를 인정하려고 한다. 특히 원주민들과 프랑스 식민주의자들의 초기 관계에 관심이 많다.

"우리가 걸어가면 길이 된다"라는 스페인 격언을 모토로 삼고 있는 저스트어스! 소농장센터는 소농 공동체가 지속가능성을 높이는 데 필요한 것이 무엇인지를 알아내라고 압박하지 않는다. 그보다는 농부들이 모이고, 나누며, 계획하고, 행동하는 장소를 제공하길 바란다. 좀 더 구체적으로 말해, 이 센터는 공정한 식량 체계의 창출을 도울 수 있길 희망한다.

옮긴이 후기

이 책은 한 문장 한 문장이 감동적인 아름다운 작품이다. 네덜란드 출신의 지은이 프란시스코 판 더르 호프 보에르스마는 천주교 노동사제로서 지구상에서 가장 가난한 지역 중 하나인 멕시코 오지에서 농장 노동자들과 함께 고된 노동을 하며 살아왔다. 그는 농장 노동자들과 힘을 모아 UCIRI라는 커피 생산자 협동조합을 만들어 활동했으며, 이 협동조합을 기반으로 경제학자 니코 로전Niko Roozen과 함께 최초의 공정무역 라이선스인 '막스 하벨라르'를 발급하며 대안 경제 운동을 펼쳐왔다. 이러한 치열한 삶을 일구며 깊은 인간적, 사회적 성찰을 바탕으로 쓴 이 책에서 지은이는 세계 자본주의의 근원적 문제점을 정확히 짚어내며 가장 이상적이면서도 실현 가능한 대안을 함께 제시한다. 자본주의 사회에 대한 날카로운 분석과 함께 가슴을 뛰게 하는 감동을 주는 사회과학 서적으로 이에 필적할 만한 책은 아마도 마르크스와 엥겔스의

《공산당 선언》밖에 없을 것 같다.

보에르스마 신부는 자본주의의 본성을 "시장이라는 종교가 지배하게 된 상황"이라고 정의한다. 현 세계를 지배하고 있는 이 섭리는 "초월적이면서도 즉각적이고, 현현하면서도 부재하며, 우리의 상상력을 훨씬 뛰어넘는 동시에 뇌와 머릿속에 존재"한다. 이른바 보이지 않는 손이라 불리는 이 초월적 기제는 빈곤, 불평등, 경제위기, 공황, 환경문제 그리고 현재 진행되고 있는 코로나 바이러스의 세계적 대유행 국면에서 그렇듯 무기력과 무능력을 드러내며 때때로 사회체제 차원의 광범위한 실패를 야기하지만, 시간이 지나면 언제 그랬냐는 듯이 '부활'한다. 심지어 더 보편적이고 '전능한' 신이 되어 나타난다. 1930년대 대공황, 1970년대 스태그플레이션, 20세기 말 동아시아 위기, 2008년 금융공황 등 주기적으로 위기가 발생했지만 자본주의 원리는 점점 더 탄탄하게 세계의 보편 질서로 자리 잡아왔다.

사람들이 자본주의라는 신에 대한 의심이나 불신이 없어서 이 체제가 견고한 것은 아니다. 보에르스마가 "글로벌 위기와 관련해 우리가 아직 듣지 못하고, 읽지 못하고, 쓰지 못한 게 무엇이 있을까?"라고 물었듯이 자본주의 시장경제의 문제점에 대한 지적은 차고 넘친다. 자본주의의 강인한 회복력은 대안적 신념의 부재 또는 미약함에서 기인한다. 성장의 신화, 시장의 신화, 돈의 신화가 문제투성이라는 것은 알지만 인간은 신념의 체계 없이 살 수 없는 존재이기에 다른 믿음을 찾지 못하면 우리의 일상은 다시 기존의 시스템으로 복귀한다. 보에르스마 신부는 "보기 위해서는 믿어야" 하고 "반대한다는 것은 대안을 제시한다"는 것임을 명심해야 한다고 말한다. 우리가 원하는 미래는 아직 도래하지 않았기에 먼저 그것에 대한 신념을 가져야 가능성이 생기고, 이를 구현할 실질적 대안 없이 기존 체제를 비판한다고 해서 새로운 세계가 열리지는 않는다는 의미다. 그래서 보에르스마 스스로 더 나은 세상을 이룰 수 있다는 신념을 품고, 힘들게 일하며 함께 살아온 개도국 오지의 농장 노동자들의 삶 속에서 발견한 기층민중의 대안을 제시한다.

보에르스마 신부가 제시하는 대안은 공정무역이다. 솔직히 말하자면, 자본주의의 본성을 누구보다도 더 잘 파악하고 있다고 여겨지는 지은이가 공정무역을 체제 차원의 대안운동으로 제시해서 처음에 좀 당황했다. 내가 아는 공정무역은 선진국의 중산층이 행하는 품위 있는 소비 행위이며, 제3세계 농업 노동자들에게 조금이라도 높은 소득이 돌아가도록 배려한다고는 하지만 실제는 중간 유통 조직들이 구사하는 가격 높이기 수법이다. 심지어 공정무역이란 용어 자체가 상품화되어 대기업들이 브랜드 가치를 높이기 위해 이용하는 상표 같은 것이다. 초국적 대기업들에게 찬탈당한 공정무역의 현주소를 잘못 파악한 것은 아니지만, 나는 이 운동이 처음에 어떤 역사적·사회적 맥락과 정신으로 시작됐는지를 제대로 이해하지 못했다.

보에르스마 신부가 시작한 공정무역은 개도국의 가난한 농업 노동자들이 주도하여 선진국 소비자와 직접 연결되는 독립적인 가치사슬을 창출함으로써 초국적기업들은 물론 '코요테'라 불리는 지역 중개상들의 횡포와 착취에서 벗어나고 생산물의 가치를 제대로 인정받아 선진국의 자선에 의존하지 않고 스스로 더 나은 삶을 일구는 구체적인 대안 경제 체제였다. 또한 제3세계 농장 노동자들이 자립적인 생산자 협동조합을 조직해 자신들의 피땀 어린 노력과 장비, 이익을 함께 나누고 공동체 내에서 신용대부 협동조합을 운영함으로써 금융 세력에 대한 종속을 끊는 사회연대경제의 일부이기도 하다. 지은이의 말대로 자본주의 시장경제를 대체하는 움직임으로 "충분하지는 않지만" 기층민중들이 스스로 조직에 나서 사회의 실질적 변화를 이끌고 있다는 점에서 "진보임이 분명하다".

실제로 1988년 막스 하벨라르 증명서를 발급하기 시작한 이후 공정무역은 비약적인 발전을 이루었다. 지금은 막스 하벨라르 재단도 공정무역 관련 업무를 총괄하고 있는 국제

공정무역기구Fairtrade International에 소속되어 있는데, 여기에서 제공하는 통계에 따르면 2018년 기준 세계적으로 1700개 생산자 조직에 속하는 170만 명의 농민과 노동자들이 공정무역에 참여하고 있다. 공정무역 연 판매액은 12조 원가량이며, 공정무역이 생산자들에게 제공한 추가 소득은 2400억 원 정도이다. 지은이의 말을 빌리자면, 이로써 원주민 노동자들의 하루 소득이 1달러에서 2달러로 올랐다고 한다. 우리가 보기에 일당 2달러는 극도로 낮은 소득이지만, 이들의 입장에서 보면 소득이 100퍼센트 증가한 것이다. 소득 증대로 농민들은 생존을 위한 노역에서 조금이나마 자유로워졌고, "기술 지식, 문화, 연대, 그리고 사회적 의제"를 발전시킬 수 있는 시간을 마련했다.

보에르스마 신부는 자신이 추구하는 사상을 "공동체주의적 자유주의 또는 자유주의적 공동체주의"라고 부른다. 이는 계산적 합리성만을 추구하는 원자화된 개인의 자유를 신성시하는 자본주의 풍조와는 정반대를 지향하는 사상이다. 자본주의적 자유는 승자독식의 독점 개념이기 때문에 소수의 상류층만 향유할 수 있고, 대대로 세습되는 소유물로 전락한다. 서구의 대학에서 여러 학문을 전공한 보에르스마가 주창하는 공동체주의적 자유주의는 서양의 사상 전통에서 많은 영향을 받았을 것이다. 하지만 그의 이념에는 책에서 얼은 것 이상의 무언가가 들어 있다. 보에르스마 신부는 자신의 지향과 관점이 멕시코 원주민들의 "조상 대대로 내려오는 관습을 토대로 한 사상"에서 배운 것이라고 밝힌다. 이는 아마도 '참다운 삶' 또는 '좋은 삶'이라고 번역할 수 있는 '비비르 비엔vivir bien'일 것이다. 이 철학에는 무수히 많은 원리원칙이 포함되지만, 대표적인 것은 '공동체가 없으면 개인도 없고, 개별적 존재가 없으면 전체도 없다'는 다름 속의 공존공생이다.

비비르 비엔이 제시하는 전체의 균형과 조화 개념에는 공동체 내의 성원뿐만 아니라 자연환경과 공생하는 관계도 포함된다. 근대 산업혁명 이후 300년의 시간 동안 인류는 자연의 정복자란 정체성을 가지고 무한한 경제성장과 부의 축적을 추구해왔다. 우리나라만 해도 1960년대에 본격적으로 경제성장을 시작한 이후 지금까지 실질 GDP는 약 예순 배, 1인당 GDP는 약 서른 배 늘었다. 그런데 우리는 그만큼 행복해졌는가? 행복은커녕 환경위기의 심화로 인류 전체가 절멸할지도 모른다는 공포가 심화되고 있다. 넓게 보면 금번 코로나 바이러스 세계 유행병 사태도 이러한 위기의 일환이다. 4차 산업혁명이라는 용어가 유행어가 되고, 인공지능과 로봇 자동화가 공장뿐만 아니라 개인의 삶 구석구석을 편리하게 바꾸어놓을 것이란 예측이 세상을 지배하는 바로 그 순간 인류는 코로나 바이러스 패닉에 빠져버렸다. 이 코로나라는 '미물'이 정복자라는 오만한 인류의 정체성에 커다란 타격을 가했다. 앞으로 전개될 포스트-코로나 시대에는 지금까지와는 다른 철학을 품고, 다른 사회적 목표를 지향해야 한다. 그중 가장 중요한 하나는 환경을 객체화하고 경제성장을 위해 무한히 착취해도 되는 대상으로 삼는 태도를 버리는 일이다. 환경을 위해서가 아니라 인간을 위해서다.

우리는 지금 중대한 전환의 기로에 서 있다. 이른바 '인류세'가 파멸의 길로 접어들어 그야말로 시간이 얼마 안 남았는지도 모른다. 그와 상관없이 우리는 우리가 할 수 있는 일을 하면 된다. 이른바 거대한 전환도 우리 주변의 사람들과 함께 할 수 있는 작은 일을 찾아 첫걸음을 떼는 것에서 시작된다. 주변의 사람들, 그리고 환경과 공존하며 공생하려는 작은 노력과 믿음에서부터 시작하자는 말이다. 아마도 이것이 프란시스코 판 더르 호프 보에르스마 신부가 우리에게 주는 교훈인 것 같다.

가난한 사람들의 선언

사회연대경제, 아래로부터의 대안

1판 1쇄 발행 2020년 4월 30일
1판 2쇄 발행 2020년 7월 15일

지은이 프란시스코 판 더르 호프 보에르스마
옮긴이 박형준
펴낸이 김미정
편집 김미정, 박기효
디자인 표지 양진규, 본문 김명선

펴낸곳 마농지
등록 2019년 3월 5일 제2019-000024호
주소 (02724) 서울시 성북구 길음로 74, 510동 1301호
전화 070-8223-0109
팩스 0504-036-4309
이메일 shbird2@empas.com

ISBN 979-11-968301-4-4 03300

이 도서의 국립중앙도서관 출판예정도서목록(CIP)은 서지정보유통지원시
스템 홈페이지(http://seoji.nl.go.kr)와 국가자료종합목록 구축시스템
(http://kolis-net.nl.go.kr)에서 이용하실 수 있습니다.(CIP제어번호 :
CIP2020017781)

* 책값은 뒤표지에 있습니다.
* 잘못된 책은 바꾸어드립니다.